中华优秀传统文化传承
与创新研究

朱秋华　著

吉林出版集团股份有限公司

全国百佳图书出版单位

图书在版编目（CIP）数据

中华优秀传统文化传承与创新研究 / 朱秋华著.

长春：吉林出版集团股份有限公司，2025. 4. -- ISBN 978-7-5731-6435-3

Ⅰ. K203

中国国家版本馆CIP数据核字第2025LV2126号

ZHONGHUA YOUXIU CHUANTONG WENHUA CHUANCHENG YU CHUANGXIN YANJIU

中华优秀传统文化传承与创新研究

著　　者	朱秋华	
责任编辑	杨亚仙	
装帧设计	岳　慧	

出　　版	吉林出版集团股份有限公司
发　　行	吉林出版集团社科图书有限公司
地　　址	吉林省长春市南关区福祉大路5788号　邮编：130118
印　　刷	长春新华印刷集团有限公司
电　　话	0431-81629711（总编办）
抖 音 号	吉林出版集团社科图书有限公司 37009026326

开　　本	710mm×1000 mm　1 / 16
印　　张	11.75
字　　数	180 千字
版　　次	2025 年 4 月第 1 版
印　　次	2025 年 4 月第 1 次印刷

书　　号	ISBN 978-7-5731-6435-3
定　　价	55.00 元

如有印装质量问题，请与市场营销中心联系调换。0431-81629729

前　言

在世界的东方，中华文明犹如一条源远流长的河流，穿越千年的风霜雨雪，滋养了一代又一代的华夏儿女。中华优秀传统文化，作为这条河流中最为璀璨的浪花，不仅承载着中华民族的历史记忆与智慧结晶，更是我们面向未来、走向世界的坚实根基与独特标识。

《中华优秀传统文化传承与创新研究》一书，正是在这样的文化背景下应运而生。我们深知，文化的传承与创新，是民族发展的不竭动力，也是国家繁荣的重要支撑。因此，本书旨在深入挖掘中华优秀传统文化的历史底蕴，揭示其核心价值，探讨在新时代背景下如何更好地传承与创新这一宝贵财富。

在本书的撰写过程中，力求做到既尊重历史，又面向未来；既注重理论的深度与广度，又兼顾实践的可行性与创新性。我们希望通过系统的研究与分析，为中华优秀传统文化的传承与创新提供一套全面、深入、实用的理论框架与实践指南。

本书从历史沿革与发展脉络入手，追溯中华优秀传统文化的起源、演变与传承过程，让读者能够清晰地看到这条文化河流的流淌轨迹。接着深入探讨中华优秀传统文化的核心价值体系，揭示其内在的精神特质与价值追求，为传承与创新提供坚实的理论基础。但传承并非简单地复制与模仿，创新才是文化发展的生命力所在。因此，本书将重点探讨中华优秀传统文化创新的探索与实践，从理念创新、内容创新到形式创新，全方位展示传统文化与现代元素相结合的新风貌。同时，也将关注政策支持与保障体系的建设，以及教育与人才培养在文化传承中的重要作用，为文化的传承与创新提供有力的外部保障。本书还将从国际视野出发，探讨中华文化在国际上的传播与影响，以及如何通过国际合作与交流提升中华文化的国际影响力。我们坚信，只有开放包容、交流互鉴，中华文化才能在世界文化的百花园中绽放出更加绚丽的光彩。

本书是对中华优秀传统文化传承与创新的一次深刻思考与积极探索。期待这本书能够激发更多人对中华文化的热爱与传承意识，共同为弘扬中华优秀传统文化、推动社会主义文化繁荣兴盛贡献自己的力量。

目　录

第一章　中华优秀传统文化的历史底蕴与核心价值

本章全面而深刻地探讨了中华文化的深厚根基及其核心价值体系，以及这些价值在社会发展中的重要作用。详细梳理了中华文化从远古时期至今的漫长发展历程，包括各个历史阶段的重大文化事件、思想流派、艺术成就等，展现了中华文化源远流长的历史底蕴和丰富多彩的演变过程。通过这一梳理，读者能够清晰地看到中华文化在不同历史时期所呈现出的独特风貌和时代特征；深入剖析了中华文化的核心价值体系，这些价值观念不仅是中华民族精神的重要组成部分，也是中华文化区别于其他文化的显著标志。通过理论阐述和实例分析，揭示了这些核心价值在中华文化中的深刻内涵和广泛影响；进一步探讨了中华文化的核心价值在社会生活中的重要作用。这些价值不仅为个体提供了道德准则和行为规范，还为社会和谐稳定、国家长治久安提供了强大的精神支撑。展示了中华文化核心价值在现代社会中的独特魅力和价值。

第一节 历史沿革与发展脉络

一、从古代文明到现代社会的演变

（一）远古至先秦时期：文化的萌芽与初步形成

1. 远古时期

在远古时期，中华大地上生活着众多原始氏族部落，他们通过狩猎、采集等方式维持生计，逐渐形成了独特的文化萌芽。火的发现和使用、陶器的制作等，标志着人类文明的初步形成。这一时期流传着许多神话传说，如盘古开天辟地、女娲造人等，这些传说反映了先民们对自然和宇宙的认知与想象，为后世文化的发展奠定了基础。

2. 先秦时期

夏、商、周三代是中国古代文明的早期阶段，这一时期出现了青铜器、甲骨文等文化成果，标志着中国古代文明的初步成熟。同时，礼仪制度、宗法制度等社会规范逐渐形成，为后世文化的发展提供了制度保障。春秋战国时期是中国历史上一个思想大解放、文化大繁荣的时期。诸子百家纷纷著书立说，形成了儒、墨、道、法等思想流派，为中国古代文化的发展奠定了思想基础。儒家思想强调仁爱、礼制和中庸之道；道家思想主张道法自然、无为而治；墨家思想则倡导兼爱非攻、尚贤节用等。这些思想流派相互争鸣、相互融合，共同构成了中华优秀传统文化的多元格局。

（二）秦汉至唐宋时期：文化的统一与繁荣

1. 秦汉时期

秦朝实现了中国历史上的第一次大一统，建立了中央集权的政治体制。汉朝则进一步巩固了统一局面，并开创了"汉文化圈"的先河。这一时期的政治统一为文化的繁荣提供了有力保障；秦朝通过统一度量衡、文字、车轨等措施，加强了文化的整合与交流。汉朝则尊崇儒术，使儒学成为官方统治思想，进一步推动了文化的繁荣与发展。

2. 唐宋时期

唐宋时期是中国古代文化的鼎盛时期之一。唐诗宋词以其独特的艺术魅力成为中华文化的瑰宝；绘画、书法、音乐等艺术形式也达到了前所未有的高度。同时，科技发明如造纸术、印刷术等的出现，极大地推动了文化的传播与发展；唐宋时期的中国社会相对开放包容，对外交流频繁。丝绸之路的开通促进了东西方文化的交流与融合；佛教的进一步传播也丰富了中华文化的内涵。

（三）元明清时期：文化的传承与变革

1. 元代

元朝是中国历史上第一个由少数民族建立的大一统王朝。这一时期，蒙古族文化与中原文化相互交融，形成了独特的文化风貌。同时，元曲等文学形式的兴起也为中华文化的发展注入了新的活力。

2. 明清时期

明清时期是中国古代文化的传承与总结阶段。这一时期出现了许多重要的文化成果如《四库全书》的编纂、《红楼梦》等文学巨著的问世等。同时，理学思想的兴起也进一步巩固了儒家思想在中华文化中的主导地位。随着西方文化的逐渐传入和近代社会的到来，中华文化也面临着前所未有的变革与挑战。一些有识之士开始反思传统文化并寻求新的出路；同时西方科学技术和民主思想的传入也为中华文化的现代化进程提供了有力支持。

（四）近现代以来：文化的转型与创新

1. 近代转型

自 1840 年鸦片战争以来，中国逐渐沦为半殖民地半封建社会。西方文化的强烈冲击使得中华文化面临着前所未有的挑战与危机。一些有识之士开始寻求救亡图存之道并推动文化的转型与创新。新文化运动是中国近代史上一次重要的思想解放运动。它倡导民主、科学、自由等现代价值观念并反对封建专制和迷信思想；同时它也推动了白话文运动等文化革新措施的实施为中华文化的现代化进程奠定了坚实基础。

2. 当代创新

新中国成立后特别是改革开放以来中华文化迎来了新的发展机遇和复兴时期。政府高度重视文化建设并采取了一系列措施推动中华文化的传承与创新；同时随着全球化的深入发展中华文化也逐渐走向世界舞台并受到越来越多人的关注和喜爱。在当代社会中华文化的创新发展呈现出多元化、数字化的趋势。一方面传统文化与现代科技相结合催生了新的文化形态如数字博物馆、在线课堂等；另一方面中华文化的国际传播也取得了显著成效如孔子学院在全球范围内的推广等。这些创新举措不仅丰富了中华文化的内涵也提升了中华文化的国际影响力。

二、各历史时期的文化特色与贡献

（一）远古至夏商周时期

1. 远古时期（史前时代）

远古时期，人们通过口头传说的方式创造了众多神话，如盘古开天辟地、女娲造人等，这些神话反映了先民对自然和社会的认识与想象。远古时期的艺术主要表现为石器、骨器、陶器上的装饰图案，如人面鱼纹盆等，这些图案不仅具有装饰性，还蕴含着丰富的文化内涵和象征意义。远古先民对自然神灵怀有敬畏之心，形成了原始的宗教信仰和祭祀活动，这些活动在后来的文化中得到了延续和发展。

具体贡献在于奠定了中华文化的精神基础，如神话传说中的英雄人物和民族精神成为后世文化的重要元素；原始艺术的发展为后来的绘画、雕塑等艺术形式提供了灵感和借鉴。

2. 夏朝

夏朝时期，青铜器开始得到初步的发展和应用，虽然规模和技术水平有限，但标志着中国进入了青铜时代。夏代尊重巫觋和占卜，崇敬自然天命，巫史文化是夏代文化的重要特征。巫觋在社会中具有很高的地位，他们既是鬼神意志的代表，也指导着国家的政治行为。另外，社会逐渐形成等级制度，国家机构初具规模，为后来的政治制度奠定基础。

具体贡献在于青铜器的初步发展为中国古代青铜文化的繁荣奠定了基础；巫史文化的形成和发展对后世的文化、宗教和政治产生了深远的影响；等级制度的形成标志着中国社会的初步成熟和文明化进程的开始。

3. 商朝

商朝时期，青铜器制作技术达到了高峰，出现了许多精美的青铜器如后母戊大方鼎等，这些青铜器不仅具有实用价值，还具有很高的艺术价值。商朝时期出现了甲骨文，这是中国最早的文字之一，被刻在龟甲和兽骨上用于记录卜辞和祭祀活动。甲骨文的出现标志着中国文字的形成和发展进入了一个新的阶段。商朝人尊神事鬼，先鬼而后礼，鬼神之道与礼乐制度相比较具有绝对的优先权。巫术在商朝社会中占有重要地位，巫师是沟通神与人的重要角色。

具体贡献在于青铜文化的鼎盛展示了中国古代工匠的精湛技艺和创造力；甲骨文的诞生为后来的汉字发展奠定了基础，对中国文化的传承和发展产生了深远的影响；宗教信仰的发达丰富了中华文化的内涵和多样性。

4.周朝

周朝时期，周公制礼作乐，为中华文明注入了丰富的礼仪文化。礼乐制度成为周朝政治、社会和文化生活的重要组成部分。周朝实行了分封制度，将土地和人民分封给诸侯国以巩固统治。这一制度促进了各诸侯国之间的交流与融合同时也为后来的百家争鸣文化繁荣局面奠定了基础。周朝时期出现了许多重要的思想家和学派如孔子、老子等他们的思想对中国乃至世界文化产生了深远的影响。

具体贡献在于礼乐文化的形成和发展为中华文化的传承和发展提供了重要的思想基础和精神支撑；分封制度的实施促进了各诸侯国之间的交流与融合推动了中华文化的多元化发展；思想文化的繁荣为后世的文化繁荣和学术发展提供了重要的思想资源和精神动力。

（二）春秋战国时期

1.春秋战国时期的文化特色

（1）政治分裂与诸侯争霸

春秋战国时期，中央政权衰落，各诸侯国独立发展，形成了多国并存的局面。这种政治分裂导致了频繁的战争和激烈的竞争，同时也促进了各国间的文化交流和融合。

（2）百家争鸣与思想多元

这一时期是中国古代思想史上最为活跃的时期，出现了众多的学派和哲学家，如儒家、墨家、道家、法家等。这些学派以各自独特的思想主张和政治观念影响着当时的社会发展，形成了"百家争鸣"的盛况。儒家强调家族礼法、仁爱之道；墨家注重公共利益、反对战争；道家追求自然无为的境界；法家则主张以法治国。这种思想多元的局面极大地推动了社会进步和政治观念的形成。

（3）文学艺术繁荣

春秋战国时期出现了许多著名的文学作品，如《楚辞》《诗经》《论语》等。这些作品不仅代表了当时的社会风貌和人们的思想观念，而且对中国古代文学的发展产生了深远的影响。此外，战国时期还是古代戏曲的起源时期，其戏剧形式和元素对后来的中国戏曲产生了重要的影响。

（4）社会风气和习俗的多样性

由于各个诸侯国之间的差异以及各个学派的不同主张，春秋战国时期的社会风气和习俗呈现出丰富多彩的面貌。儒家的家族礼法、墨家的公共利益观念等都在社会中占据重要地位，共同构成了这一时期独特的社会风貌。

2.春秋战国时期的文化贡献

（1）思想领域的创新与发展

春秋战国时期的思想多元和百家争鸣为中国古代思想史的发展奠定了坚实的基础。各学派的思想交锋和争论不仅推动了当时社会的进步，而且为后世留下了丰富的思想遗产。儒家思想中的仁爱、礼法等观念对中国古代社会的价值观和行为规范产生了深远的影响；道家思想中的自然无为、道法自然等观念则对中国古代哲学和文学产生了重要的影响。

（2）科技与医学的进步

在科技方面，春秋战国时期在天文学、数学、医学等领域都取得了重要的成就。如天文学中对哈雷彗星的最早记载、数学中几何知识的应用等；医学方面则有扁鹊等名医的出现和医学理论的初步形成。这些成就不仅为后世科技和医学的发展提供了重要的基础，而且对人类文明的进步产生了积极的影响。

（3）文化与艺术的传承与创新

春秋战国时期的文学艺术作品不仅具有极高的艺术价值，而且传承了中华民族的文化精髓。如《楚辞》中的浪漫主义情怀、《诗经》中的现实主义精神等都对后世文学产生了深远的影响。同时，这一时期的艺术成就如青铜器、漆器等也展现了中国古代工艺美术的精湛技艺和独特风格。

（三）秦汉时期

1.秦汉时期的文化特色

（1）统一性与多样性的有机融合

秦汉时期，中国确立了统一的多民族国家体制，这一体制促进了文化的统一与整合。秦朝通过"车同轨，书同文，行同伦"等措施，实现了文字、货币、度量衡等方面的统一，为文化的传播和交流提供了便利。同时，汉朝在思想文化上独尊儒术，建立了统一的思想体系。然而，这种统一性并不排斥多样性，不同民族和地区在保持各自特色的同时，也相互交融，形成了多元一体的文化格局。

（2）中外文化交流的空前活跃

随着国家统一和丝绸之路的开通，秦汉时期中外文化交往达到了前所未有的频度。丝绸之路不仅促进了商品和技术的交流，还推动了文化、宗教和思想的传播。佛教在这一时期传入中国，并逐渐与中国本土文化相融合，形成了具有中国特色的佛教文化。同时，中国的造纸术、铁器、丝绸等也通过丝绸之路传播到周边国家和地区，对世界文化产生了深远影响。

（3）科技水平领先世界

秦汉时期，中国的科学技术成就斐然，许多领域的创新和发明处于世界前列。例如，张衡发明的地动仪是世界上最早的地震仪器之一；蔡伦改进的造纸术极大地促进了文化的传播和发展；数学、医学、农学等领域也取得了显著成就。这些科技成果不仅展示了中华民族的卓越智慧，也为世界文明的发展作出了重要贡献。

（4）奋发向上，气势恢宏

秦汉时期的文化以其宏伟壮观、自信满满、积极进取的特点著称。这种气度不仅源于社会的繁荣和经济的兴盛，也与中华民族的文化自信和民族精神紧密相关。秦汉时期涌现出了许多伟大的文化成就和杰出的文化人物，如秦始皇陵兵马俑、万里长城、司马迁的《史记》等，这些成就和人物至今仍让世人叹为观止。

2.秦汉时期的文化贡献

（1）巩固了中华文化的统一性

秦汉时期通过一系列措施巩固了中华文化的统一性，为后世的文化发展奠定了基础。这种统一性不仅体现在文字、货币、度量衡等方面的标准化上，还体现在思想文化上的整合和认同上。这种统一性的形成有利于文化的传承和发展，也为中华民族的文化自信提供了重要支撑。

（2）推动了中外文化的交流与融合

秦汉时期中外文化交流的空前活跃推动了中外文化的交流与融合。这种交流不仅使中国吸收了外来文化元素，如佛教的传入和传播；也将秦汉文化传播至远方，如造纸术、铁器、丝绸等技术的外传。这种文化的交流与融合促进了世界文化的多样性和繁荣。

（3）创造了丰富的文化遗产

秦汉时期创造了丰富的文化遗产，如秦始皇陵兵马俑、万里长城、张衡地动仪等。这些文化遗产不仅展示了中华民族的卓越智慧和创造力，也为后世的文化研究和传承提供了重要资料。这些文化遗产的保存和传承对于弘扬中华民族优秀传统文化、增强民族凝聚力和自信心具有重要意义。

（4）促进了科技与艺术的发展

秦汉时期在科技与艺术领域取得了显著成就，如造纸术的发明和改进、数学和医学的发展以及文学艺术的繁荣等。这些成就不仅推动了当时社会的进步和发展，也为后世科技与艺术的发展提供了重要借鉴和启示。例如，造纸术的发明极大地促进了文化的传播和发展；数学和医学的发展为后世相关学科的研究提供了重要基础；文学艺术的繁荣则丰富了中华民族的文化宝库。

（四）魏晋南北朝至唐中叶

1. 魏晋南北朝至唐中叶时期的文化特色

（1）多元发展与思想交融

魏晋南北朝时期，文化呈现出多元发展的特点。儒学虽不再是唯一的主流思想，但玄学、道教和佛教等多种思想流派兴起，形成了思想领域的活跃局面。这些思想流派之间相互交融，促进了文化的多元化发展。唐中叶时期，随着社会的稳定和经济的发展，文化进一步繁荣。儒家思想重新得到重视，并与佛教、道教等思想相互融合，形成了独特的文化风貌。

（2）艺术创作与文学繁荣

魏晋南北朝时期的艺术创作达到了新的高度。书法、绘画、雕塑等艺术形式在这一时期取得了显著成就。王羲之的书法被誉为"书圣"，其《兰亭序》更是被誉为"天下第一行书"。同时，顾恺之的绘画作品如《女史箴图》《洛神赋图》等也展现了高超的艺术水平。文学方面，魏晋南北朝至唐中叶时期涌现出了大量优秀的文学作品。从建安七子的诗歌到陶渊明的田园诗，再到唐诗的繁荣，这一时期的文学作品不仅数量众多，而且风格多样，内容丰富。

（3）科技成就显著

魏晋南北朝至唐中叶时期，科技领域也取得了显著成就。祖冲之将圆周率精确到小数点后第七位，领先世界近千年。同时，贾思勰的《齐民要术》总结了我国北方劳动人民长期积累的农业生产经验，是我国现存的第一部完整的农业科学著作。在医学、天文、历法等领域也取得了重要进展，为后世科技发展奠定了基础。

（4）社会风俗与服饰特色

魏晋南北朝至唐中叶时期，社会风俗和服饰也呈现出独特的特色。魏晋时期，男子多着宽袍大袖的服饰，佩戴巾帽；女子则着长裙、梳高髻，服饰华丽多彩。唐中叶时期，随着胡风的盛行，服饰逐渐变得宽松肥大，色彩也更加鲜艳。

2. 魏晋南北朝至唐中叶时期的文化贡献

（1）推动了文化多元化发展

魏晋南北朝至唐中叶时期的文化多元化发展为中国古代文化的繁荣奠定了基础。不同思想流派的兴起和交融促进了文化的创新和发展，为后世文化提供了丰富的资源和灵感。

（2）丰富了文学艺术宝库

这一时期涌现出的优秀文学作品和艺术作品不仅在当时备受赞誉，而且对后世文学和艺术产生了深远的影响。王羲之的书法、顾恺之的绘画以及唐诗等作品至今仍被奉为经典。

（3）促进了科技进步

魏晋南北朝至唐中叶时期的科技成就为后世科技发展提供了重要支撑。祖冲之的圆周率计算、贾思勰的《齐民要术》等成果在当时处于世界领先地位，并对后世科技发展产生了深远影响。

（4）影响了后世社会风俗

魏晋南北朝至唐中叶时期的社会风俗和服饰特色对后世产生了重要影响。尤其是唐中叶时期胡风的盛行，使得服饰风格发生了显著变化，并对后世服饰文化产生了深远影响。

（五）唐中叶至明中叶

1.唐中叶至明中叶时期的文化特色

（1）多元文化的融合与创新

这一时期，儒、道、佛三教并立，相互融合，形成了独特的文化格局。儒家思想在宋代得到了新的发展，形成了理学（新儒学），将儒家思想与佛教、道教相融合，形成了新的思想体系。同时，禅宗等中国化的佛学也在这一时期形成，推动了佛教文化的深入发展。文化的多元融合还体现在文学艺术上，诗歌、绘画、书法、音乐、舞蹈等艺术形式都得到了极大的发展，并相互渗透，形成了独特的艺术风格。

（2）市民文化的兴起

随着城市经济的发展和市民阶层的壮大，市民文化在这一时期逐渐兴起。俗文化层面呈现出市井式的热闹与繁荣，如话本、戏曲、小说等文学形式的出现，满足了市民阶层的精神需求。

（3）科技与文化的结合

这一时期，科技与文化紧密结合，推动了文化的进一步发展。如活字印刷术的发明，极大地促进了书籍的普及和文化的传播。同时，天文学、医学、农学等领域也取得了显著成就，为文化的发展提供了有力支持。

（4）对外文化的交流与传播

唐中叶至明中叶，中国与周边国家的文化交流日益频繁。中国的文化、科技、艺术等成果通过丝绸之路等渠道传播到周边国家，同时也吸收了外来文化的优秀成果，促进了文化的相互借鉴和共同发展。

2.唐中叶至明中叶时期的文化贡献

（1）推动了文化的多元化发展

儒、道、佛三教的融合与创新，不仅丰富了中国文化的内涵，也推动了文化的多元化发展。这种多元化的文化格局为后世文化的发展提供了丰富的资源和灵感。

（2）促进了市民文化的兴起

市民文化的兴起不仅满足了市民阶层的精神需求，也推动了文化的大众化和普及化。这种趋势在明清时期得到了进一步发展，形成了独特的市民文化风貌。

（3）推动了科技与文化的结合

科技与文化的结合不仅促进了文化的传播和发展，也推动了科技的进步和创新。如活字印刷术的发明对后世印刷技术的发展产生了深远影响，同时也为文化的传播提供了更加便捷的方式。

（4）加强了对外文化的交流与传播

对外文化的交流与传播不仅增强了中国文化的国际影响力，也促进了文化的相互借鉴和共同发展。这种交流不仅限于周边国家，还扩展到了更远的地方，如欧洲等地。中国的文化、科技、艺术等成果通过这些渠道传播到世界各地，为世界文化的发展作出了重要贡献。

（六）明末迄今

1. 明末迄今的文化特色

（1）文化融合与交流

这一时期，中国文化继续与外来文化进行深度融合与交流。尤其是明清时期，随着海上丝绸之路的繁荣，中国文化与东南亚、南亚、西亚乃至欧洲的文化交流更加频繁。这种交流不仅体现在商品贸易上，更在宗教、艺术、科技等多个领域产生了深远影响。明代中后期，随着西方传教士的东来，如利玛窦等，他们带来了西方的宗教、科学、文化等知识，与中国传统文化产生了碰撞与融合，促进了中西文化的交流。

（2）文学艺术的繁荣

明末迄今，中国文学艺术进入了一个繁荣发展的时期。在文学方面，明清小说达到了前所未有的高度，四大名著《三国演义》《水浒传》《西游记》《红楼梦》等作品的出现，标志着中国古代小说的巅峰。这些作品不仅在国内广为流传，也对世界文学产生了重要影响。戏曲方面，昆曲、京剧等剧种在这一时期逐渐成熟并广泛传播，成为中国传统文化的重要组成部分。

同时，地方戏曲也蓬勃发展，形成了各具特色的地方戏曲文化。

（3）科技与思想的进步

在科技方面，明清时期虽然整体科技水平相较于唐宋时期有所放缓，但仍有一些重要的发明和发现。如明代宋应星的《天工开物》总结了当时农业和手工业的生产技术，对后世产生了深远影响。此外，在医药学、天文学等领域也取得了一定的成就。思想方面，晚明出现了王阳明的心学等新的哲学思想体系，对后世产生了重要影响。同时，李贽等思想家对传统儒学进行了批判和反思，推动了思想解放和学术创新。

（4）文化遗产的传承

这一时期留下了大量珍贵的文化遗产，如故宫、颐和园等皇家建筑，以及青花瓷、景泰蓝等工艺品。这些文化遗产不仅代表了中国传统文化的精髓，也为世界文化遗产增添了瑰宝。

2.明末迄今的文化贡献

（1）丰富了世界文化宝库

明末迄今的中国文化为世界文化宝库增添了丰富的内容。无论是文学、艺术、科技还是思想领域，中国文化都取得了举世瞩目的成就，并对世界文化产生了重要影响。

（2）促进了文化交流与互鉴

中国文化在与其他文化的交流中不断吸收借鉴外来文化的优秀成果，同时也将自身的文化传播到世界各地。这种文化交流与互鉴不仅促进了不同文化之间的理解和尊重，也推动了世界文化的多样性和繁荣。

（3）传承和弘扬了中华优秀传统文化

明末迄今的中国文化在传承和弘扬中华优秀传统文化方面发挥了重要作用。通过教育、传媒等多种渠道，中华优秀传统文化得以广泛传播和深入人心，成为中华民族共同的精神财富。

（4）推动了文化产业的发展

随着时代的进步和社会的发展，文化产业逐渐成为国民经济的重要支柱产业之一。明末迄今的丰富文化遗产为文化产业的发展提供了丰富的资源和素材，推动了文化产业的繁荣和发展。

第二节 中华优秀传统文化的核心价值体系

一、中华优秀传统美德

（一）仁

1. 核心内涵

仁是儒家思想的核心，强调人与人之间的关爱和互助，是道德行为的出发点和归宿。孔子提出"仁者爱人"，认为仁是一种内在的道德情感，表现为对他人的同情、尊重和爱护。

2. 实践要求

以仁为本。在日常生活中，儒家思想要求人们以"仁"为本，将仁爱之心贯穿于言行举止之中。无论是对待家人、朋友还是陌生人，都应保持一颗关爱之心，尊重他人的权利和尊严。

推己及人。"仁"的实践要求人们能够推己及人，即将自己的情感和意愿投射到他人身上，理解并同情他人的处境和感受。这种同情心和同理心是建立和谐人际关系的重要基础。

实施仁政。在政治领域，儒家思想主张实施仁政，即以仁爱之心治理国家和社会。这要求统治者能够关心民生疾苦，实行轻徭薄赋、与民休息的政策；同时注重道德教化，提高民众的道德素质和社会责任感。

注重个人修养。儒家思想还强调个人在道德修养上的重要性。它要求人们通过不断学习、自省和反思来提升自己的道德修养水平；同时注重培养自己的仁爱之心和道德情感，使之成为自己行为的内在驱动力。

和谐共生。在社会层面，"仁"的实践要求人们追求和谐共生的社会状态。这包括人与人之间的和谐相处、人与自然之间的和谐共生以及国家与国家之间的和平共处等。通过倡导和谐理念、加强道德教育等方式来推动社会的和谐与进步。

（二）义

1. 核心内涵

义是儒家思想中的重要道德范畴，指行为应当遵循的正当原则和标准。孟子说："羞恶之心，义之端也。"认为义是人心中的羞恶感，是判断行为善恶的准则。

2. 实践要求

坚守道义。儒家思想要求人们在日常生活中坚守道义，不为私利所动。在面对利益和诱惑时，要能够保持清醒的头脑和坚定的立场，做出符合道德标准的选择。同时，要勇于揭露和抵制各种不道德、不公正的行为，维护社会的公平和正义。

忠诚守信。"义"的实践要求人们忠诚于国家和民族的事业，坚守信仰和承诺。在人际交往中，要诚实守信、言行一致，不欺骗、不背叛他人。同时，要尊重他人的权利和尊严，不侵犯他人的利益和权益。

公正无私。在处理社会事务时，"义"要求人们秉持公正无私的态度，不偏袒、不徇私情。要尊重事实和真相，按照客观规律和道德标准来评判和处理问题。同时，要勇于担当责任和义务，积极为社会的进步和发展贡献自己的力量。

见义勇为。"义"还强调了在关键时刻能够挺身而出、见义勇为的精神。当社会出现不公和邪恶时，人们要勇于站出来揭露和制止这些行为，保护弱者和无辜者的权益。这种精神是儒家思想中"义"的重要体现之一。

（三）礼

1. 核心内涵

礼是儒家思想中维护社会秩序和人际关系的重要规范。孔子认为"不学礼，无以立"，强调礼是个人修养和社会交往的基石。

2. 实践要求

遵循礼制。儒家思想要求人们在日常生活中严格遵守礼制，即按照社会等级和身份地位来规范自己的行为。这包括服饰、饮食、居住、交往等各个方面的礼仪规范。通过遵循礼制，人们可以维护社会的秩序和稳定，促进人际关系的和谐。

尊重他人。"礼"的实践要求人们尊重他人的身份、地位和权利，不得侵犯他人的尊严和利益。在交往中，要遵循"敬人者人恒敬之"的原则，以诚相待、以礼相待。通过尊重他人，可以建立良好的人际关系，促进社会的和谐与进步。

自我修养。"礼"不仅是对外在行为的规范，更是对内在修养的要求。儒家思想强调通过学习和实践"礼"来提升自身的道德修养和人格魅力。这包括培养谦逊、恭敬、诚信等美德，以及注重自身的言行举止和仪表仪态等。通过自我修养的不断提升，人们可以更好地履行社会责任和义务，为社会做出更大的贡献。

社会教化。儒家思想还强调通过"礼"来进行社会教化，即通过教育、宣传等方式来普及"礼"的知识和理念。这有助于提高全社会的道德水平和文明程度，促进社会的和谐与稳定。同时，"礼"的教化作用还可以引导人们树立正确的价值观和道德观，培养健康向上的社会风气。

（四）智

1. 核心内涵

智在儒家思想中不仅指知识、智慧，更强调道德上的明智和判断力。孔子说"知者不惑"，认为智者能够明辨是非，不为外物所惑。

2. 实践要求

持续学习。儒家思想鼓励人们持续学习，不断充实自己的知识储备和智慧水平。这要求人们保持谦虚好学的态度，不断追求新知识、新技能和新思想，以适应不断变化的社会环境。

明辨是非。拥有智慧的人应该具备明辨是非的能力，能够准确判断事物的真伪、善恶和美丑。在面对复杂多变的社会现象和问题时，要能够保持清醒的头脑和敏锐的洞察力，做出正确的判断和决策。

审慎行事。儒家思想强调审慎行事的重要性，认为智慧不仅在于认识世界，更在于指导实践。在行动之前，要充分考虑各种因素和后果，权衡利弊得失，做出符合道义和伦理的选择。同时，也要注重行动中的智慧和策略，以最小的代价实现最大的效益。

勇于探索。儒家思想鼓励人们勇于探索未知领域和新思想，认为探索是智慧的重要源泉之一。这要求人们保持开放的心态和创新的精神,敢于挑战传统观念和权威结论,不断探索新的知识和理论。

注重实践。儒家思想强调智慧与实践的结合,认为只有将智慧转化为实际行动才能真正实现其价值。这要求人们在实践中不断运用所学知识和技能,解决实际问题并总结经验教训。同时,也要注重实践中的反思和总结,不断提升自己的智慧水平和实践能力。

(五)诚信

1.核心内涵

信是儒家思想中诚信、守信的道德品质。孔子说:"人而无信,不知其可也。"认为信是人际交往和社会合作的基础。

2.实践要求

言行一致。儒家思想强调言行一致,即所说的话与所做的事要相符合。这要求人们在日常生活中保持高度的自律和诚信,不轻易许诺,一旦许诺就要尽力履行。同时,在言行上要保持一致,不说空话、大话,不做表面文章。

信守承诺。信守承诺是"信"的实践要求之一。无论是对个人还是对社会,都要保持高度的责任感和使命感,对承诺和约定保持严肃认真的态度。一旦做出承诺,就要全力以赴去实现它,不轻易放弃或违背。

诚实守信于人。在人际交往中,儒家思想要求人们诚实守信于人。这包括在言语上保持真诚、不欺骗他人;在行为上保持守信、不违背承诺;在态度上保持尊重、不轻视他人。通过诚实守信于人,可以建立稳定和谐的人际关系,促进社会的和谐与进步。

忠诚于国家和民族。在更广阔的层面上,"信"还体现为对国家和民族的忠诚。儒家思想强调个人与国家和民族之间的紧密联系,认为个人应该为国家和民族的利益而奋斗。这要求人们在面对国家和民族的利益时,能够保持高度的忠诚和责任感,为国家和民族的发展贡献自己的力量。

(六)忠孝

儒家思想中的忠,原指心态中正、立正纠错,后指对他人、对团体尽心任事不懈于责任,忠于国家、忠于职守。忠是孝的进一步扩展,是建立在家的基础之上的社会群体认同与责任。

实践要求：恪尽职守，在实践中，忠要求每个人在自己的岗位上尽职尽责，不推诿、不扯皮，以高度的责任心和敬业精神完成工作任务；忠诚于国家和民族，在国家和民族利益面前，忠要求个体保持高度的忠诚和牺牲精神，为国家和民族的繁荣富强贡献自己的力量；诚实守信于人，在人际交往中，忠也体现为诚实守信的品质。这要求个体在与人交往时保持真诚、不欺骗、不隐瞒，以建立稳定和谐的人际关系。

孝是儒家思想中家庭伦理的核心，强调子女对父母的尊敬、关爱和赡养。儒家认为孝不仅是个人品德的体现，也是社会稳定和发展的重要基石。

实践要求：赡养父母，在实践中，孝要求子女在经济上给予父母足够的支持，确保他们的基本生活需求得到满足。同时，也要关注他们的身心健康状况，及时给予关心和照顾；尊重父母，在精神层面，孝要求子女尊重父母的意愿和决定，不轻易违背他们的意愿。同时，也要保持与父母的良好沟通，听取他们的意见和建议；传承家风，孝还体现在对家族文化和家风的传承上。子女应该通过自身的言行举止来传承和弘扬家族的优良传统和家风家训，为家族的繁荣和发展贡献自己的力量。

（七）和合

1. 核心内涵

和合是儒家思想中追求和谐、合作的价值观念。儒家认为天地万物之间都存在着和谐的关系，人类社会也应该追求和谐共处、合作共赢。

2. 实践要求

尊重差异。在实践"和合"思想时，首先要尊重不同事物之间的差异性和多样性。这包括尊重不同的文化、宗教、观念、习惯等。只有尊重差异，才能建立起相互理解和尊重的基础，为和谐统一创造条件。

沟通协调。在面对矛盾和冲突时，"和合"思想要求通过沟通协调来寻求解决方案。这包括倾听对方的意见和诉求，理解对方的立场和观点，以及寻求双方都能接受的共同点。通过沟通协调，可以化解矛盾、减少冲突，实现和谐共处。

互利共赢。"和合"思想还强调互利共赢的原则。在处理人际关系、国际关系等问题时，要兼顾各方利益，寻求共赢的解决方案。这不仅可以促进双方的合作关系，还可以增强彼此之间的信任和友谊。

倡导和谐。"和合"思想要求我们在日常生活中积极倡导和谐理念。这包括在家庭、社区、工作场所等各个领域中营造和谐氛围，促进人与人之间的和谐相处。同时，我们还要关注社会热点问题，积极参与公益事业，为构建和谐社会贡献自己的力量。

二、文学艺术、科技发明中的文化精髓

（一）文学艺术中的文化精髓

1. 诗词歌赋

中华诗词歌赋源远流长，从《诗经》到唐诗宋词，再到元曲明清小说，每一部作品都蕴含着深厚的文化底蕴和独特的艺术魅力。诗词歌赋以其精练的语言、丰富的意象和深邃的情感，展现了中华民族对自然、人生、社会的独特感悟和深刻理解。例如，唐诗中的"床前明月光，疑是地上霜"（李白《静夜思》），以简洁明快的语言描绘了诗人对家乡的深深思念；宋词中的"明月几时有？把酒问青天"（苏轼《水调歌头》），则通过借景抒情的方式，表达了词人对宇宙人生的哲理思考。

2. 书法绘画

中国书法和绘画是中华文化的瑰宝，它们以笔墨纸砚为媒介，通过线条、色彩和构图的巧妙组合，展现了中华民族独特的审美追求和艺术创造力。书法以汉字为载体，通过点线面的变化来传达情感和意境；绘画则通过山水、花鸟、人物等题材，展现了中华民族对自然美和社会生活的热爱与向往。书法和绘画不仅具有艺术价值，还蕴含着深厚的文化内涵和哲学思想，如"书为心画""画中有诗"等理念，都体现了中华民族对艺术与自然、人生关系的独特理解。

3. 戏曲艺术

中华戏曲艺术是中华文化的重要组成部分，它融合了音乐、舞蹈、文学、美术等多种艺术形式于一体，以独特的表演方式和故事情节展现了中华民族的历史文化和民俗风情。戏曲艺术中的脸谱、服饰、道具等元素都充满了象征意义和文化内涵；而其唱腔、念白、做功等表演技巧则展现了演员们的深厚功底和艺术修养。

（二）科技发明中的文化精髓

1. 四大发明

造纸术、印刷术、指南针和火药是中国古代的四大发明，它们对世界文明的发展产生了深远的影响。这些发明不仅体现了中华民族在科技领域的卓越成就，也展现了中华民族勇于探索、敢于创新的精神风貌。例如，造纸术的出现极大地促进了文化的传播和知识的普及；印刷术的发明则使得书籍的复制变得更加便捷和高效；指南针的发明则为航海事业提供了重要的导航工具；而火药的发明则推动了军事技术的革新和战争形态的变化。

2. 古代工程

中华文明还孕育了许多伟大的古代工程，如长城、大运河、都江堰等。这些工程不仅体现了中华民族在水利、交通、军事等领域的卓越成就，也展现了中华民族勤劳智慧、勇于开拓的精神风貌。这些古代工程在设计和建造过程中充分考虑了自然环境和人文因素的关系，体现了中华民族天人合一的哲学思想和可持续发展的理念。

3. 医学成就

中华医学是中华文化的重要组成部分之一，它以其独特的理论体系和实践经验为世界医学的发展作出了重要贡献。中医理论强调整体观念和辨证论治的思想方法；中药则以其独特的药效和安全性受到广泛认可。中医药学的发展不仅为中华民族的健康事业提供了有力保障；也为世界医学的多元化发展提供了新的思路和方向。

第三节 中华优秀传统文化核心价值的社会功能

一、对社会秩序的维护

（一）倡导和谐共生，减少社会冲突

1. 内容概述

和谐是中华优秀传统文化中的核心理念之一，它强调人与自然、人与社会、人与人之间的和谐共生。在维护社会秩序方面，和谐理念倡导不同社会群体之间的和谐共处，减少因利益冲突而引发的社会动荡。

2. 具体表现

倡导人与人之间的相互尊重和理解，减少因误解和偏见而产生的矛盾；强调人与自然环境的和谐相处，推动社会走上可持续发展的道路；通过弘扬和谐文化，增强社会成员的集体认同感和归属感，促进社会的整体稳定。

（二）强化道德约束，提升社会公德

1. 内容概述

中华优秀传统文化注重道德修养和个人品德的培养，通过强化道德约束来提升社会成员的公德意识。这种道德约束不仅来自个人的内心自省和修养，也来自社会舆论和法律法规的外部监督。

2. 具体表现

强调诚信、友善、尊老爱幼等传统美德，引导社会成员形成正确的道德观念和行为规范；通过教育和宣传，普及道德知识，提高社会成员的道德素质和文明程度；建立完善的道德奖惩机制，对遵守道德规范的行为给予表彰和奖励，对违反道德规范的行为进行谴责和惩罚。

（三）提供价值导向，引领社会风尚

1. 内容概述

中华优秀传统文化中的核心价值为社会提供了明确的价值导向，引领着社会风尚的走向。这些价值导向不仅关乎个人的道德修养和行为规范，也关乎社会的整体价值观和价值取向。

2. 具体表现

倡导爱国主义、集体主义等精神，激发社会成员的爱国热情和集体荣誉感；强调社会责任和担当精神，鼓励社会成员积极参与社会公益事业和志愿服务活动；通过弘扬中华优秀传统文化中的经典故事和英雄人物，传递正能量和积极向上的精神风貌。

（四）促进法治建设，保障社会稳定

1. 内容概述

虽然中华优秀传统文化中的核心价值主要是道德层面的规范，但它们也为法治建设提供了重要的思想基础和理论依据。在维护社会秩序方面，法治建设与道德建设相辅相成、相互促进。

2. 具体表现

强调法律面前人人平等、公正执法等原则，推动法治社会的建设进程；通过加强法律宣传和教育，提高社会成员的法律意识和法治观念。在法律制定和执行过程中融入中华优秀传统文化中的核心价值理念，确保法律体现公平正义和社会和谐的要求。

二、对个人修养的引导

（一）倡导仁爱精神，培养人文关怀

1. 内容概述

仁爱精神是中华优秀传统文化中的核心理念之一，强调人与人之间的关爱和互助。它倡导慈悲、宽容和爱心，引导个人在日常生活中关注他人的感受和需求，培养深厚的人文关怀。

2. 具体表现

鼓励个人以仁爱之心对待他人，关注弱势群体，积极参与公益事业；倡导宽容和包容，尊重不同文化和观念，促进人际关系的和谐；通过培养爱心和同情心，提升个人的社会责任感和道德感。

（二）强调道德修养，塑造健全人格

1. 内容概述

中华优秀传统文化注重道德修养和个人品德的培养。它强调通过自我反省、自我约束和自我提升来实现道德完善，从而塑造出健全的人格。

2. 具体表现

倡导诚信、友善、尊老爱幼等传统美德，引导个人形成正确的道德观念和行为规范；强调自我反省的重要性，鼓励个人时刻审视自己的言行举止，及时纠正错误；通过学习和实践，不断提升自己的道德修养和人格魅力。

（三）倡导和谐共生，促进身心平衡

1. 内容概述

和谐共生是中华优秀传统文化中的又一重要理念。它强调人与自然、人与社会、人与人之间的和谐关系，倡导通过平衡各方利益来实现共同发展。

2. 具体表现

在个人层面，倡导身心平衡，注重心理健康和身体健康的协调发展；鼓励个人积极参与社会活动，与他人建立和谐的人际关系；倡导尊重自然、保护环境的理念，引导个人形成绿色、低碳的生活方式。

（四）弘扬进取精神，激励个人成长

1. 内容概述

中华优秀传统文化中的进取精神鼓励个人不断追求进步和发展。它强调通过努力学习、勤奋工作和积极创新来实现个人价值的最大化。

2. 具体表现

鼓励个人树立远大的理想和抱负，勇于面对挑战和困难；倡导勤奋学习和努力工作，不断提升自己的能力和素质；鼓励个人积极创新，勇于尝试新事物和新方法，以推动个人和社会的共同发展。

三、对国家发展的支撑

（一）提供精神动力和文化支撑

1. 内容概述

中华优秀传统文化核心价值蕴含着丰富的精神资源，如爱国主义、集体主义、自强不息等精神，这些精神为国家发展提供了强大的精神动力和文化支撑。

2. 具体表现

激发国民的爱国热情和民族自豪感，增强民族凝聚力和向心力，推动国家团结统一和繁荣发展；倡导团结协作、顾全大局的精神，促进社会稳定和谐，为经济社会发展创造良好的社会环境；鼓励国民勇于面对挑战和困难，不断追求进步和发展，推动国家不断向前迈进。

（二）塑造国家形象和增强文化软实力

1. 内容概述

中华优秀传统文化核心价值是塑造国家形象、提升国家文化软实力的重要资源。通过弘扬和传播这些核心价值，可以展示国家的文化魅力和精神风貌，增强国际社会对中国的认同感和好感度。

2. 具体表现

传播中华文化，通过文化交流、文化产品输出等方式，向世界展示中华文化的独特魅力和价值，提升国家的国际影响力；塑造国家形象，将中华优秀传统文化核心价值融入国家形象塑造中，展现中国作为一个负责任大国的形象，增强国际社会对中国的信任和尊重；提升文化软实力，通过加强文化建设、推动文化创新等方式，提升国家的文化软实力和综合国力。

（三）指导国家发展战略和政策制定

1. 内容概述

中华优秀传统文化核心价值中的许多理念和原则对于指导国家发展战

略和政策制定具有重要意义。这些理念和原则可以为国家提供正确的价值导向和发展方向，推动国家实现可持续发展。

2.具体表现

以人为本，强调人的尊严和价值，推动国家在制定发展战略和政策时更加注重民生和人民福祉；和谐共生，倡导人与自然、人与社会之间的和谐关系，推动国家在实现经济发展的同时注重环境保护和社会稳定；公平正义，强调社会公平和正义的重要性，推动国家在制定政策时更加注重保障弱势群体的权益和利益。

（四）推动国家文化创新和发展

1.内容概述

中华优秀传统文化核心价值是推动国家文化创新和发展的重要源泉。通过深入挖掘和传承这些核心价值中的精髓和内涵，可以激发文化创新活力，推动国家文化事业的繁荣发展。

2.具体表现

传承创新，在传承中华优秀传统文化的同时注重创新和发展，推动传统文化与现代文化相结合，形成具有时代特色的新文化形态；文化产业发展，将中华优秀传统文化核心价值融入文化产业发展中，推动文化产业创新升级和高质量发展；文化交流与合作，加强与其他国家和地区的文化交流与合作，共同推动世界文化的多样性和繁荣发展。

第二章　中华优秀传统文化传承的现状与挑战

本章深入分析了当前中华优秀传统文化传承的现状，包括其机制、模式以及存在的问题与挑战，并通过成功案例来分享有效的传承经验，详细阐述了当前中华优秀传统文化传承的主要机制和模式。这些机制可能包括政府推动、社会组织参与、家庭与社区传承等多种方式；而模式则涉及教育传承、文化活动、媒体传播等多个层面。通过对这些机制和模式的梳理，读者能够了解当前中华文化传承的多元路径和实际操作方式；深入剖析了中华优秀传统文化传承过程中面临的问题和挑战。这些问题包括传统文化与现代社会的脱节、传承人才短缺、资金不足等。另外，通过介绍一些成功的文化传承案例，分享了它们在传承过程中的宝贵经验和做法。这些案例可能来自不同地区、不同领域，但都具有显著的传承成效和广泛的社会影响力。通过深入分析这些案例的成功因素，为其他地区的文化传承提供了可借鉴的经验和启示，同时也展示了中华文化传承的多样性和创新性。

第一节 传承机制与模式

一、家庭、学校、社会的传承作用

（一）家庭传承

1. 家庭传承的基础性

家庭是文化传承的起点，每个家庭都是传统文化传承链条上的一个环节。家庭成员之间的日常互动、行为习惯和价值观念都在无形中传递着传统文化。从孩子出生开始，家庭环境就对其产生深远的影响，父母及其他长辈的言行举止、道德观念、生活方式等都是孩子模仿和学习的对象。因此，家庭传承具有基础性和持续性的特点，为个体在成长过程中接受和内化传统文化提供了最初的土壤。

2. 家庭传承的潜移默化

家庭传承往往是在日常生活中潜移默化地进行的。父母通过讲述历史故事、传授传统技艺、培养道德观念等方式，将传统文化融入孩子的日常生活中。这些活动不仅丰富了孩子的精神生活，还使他们在耳濡目染中接受传统文化的熏陶。例如，家长可以引导孩子诵读经典诗词、学习书法绘画、参与传统节日庆典等，让孩子在亲身体验中感受传统文化的魅力。

3. 家庭传承的代际传递

家庭传承具有代际传递的特点。在家庭中，长辈是传统文化的主要传承者，他们通过言传身教的方式将传统文化传递给下一代。这种传递不仅是知识和技能的传授，更是价值观念、道德观念和生活方式的传承。随着家族成员的不断繁衍和更替，传统文化得以在家庭中代代相传，形成独特的家族文化和家风。

4. 家庭传承的多元形式

家庭传承的形式多样，包括但不限于口头传授、家庭活动、节日庆典、家训家规等。家长可以根据孩子的年龄、兴趣和特点，选择合适的传承方式。例如，对于年幼的孩子，可以通过讲故事、唱儿歌等方式进行启蒙教育；对于青少年，则可以引导他们参与更深入的文化活动和学习。同时，家庭传承还可以与学校教育、社会教育相结合，形成全方位、多层次的传承体系。

5. 家庭传承的社会意义

家庭传承不仅对个人成长具有重要意义，还对整个社会的文化传承和发展产生深远影响。通过家庭传承，传统文化得以在家庭中生根发芽、开花结果，为社会的和谐稳定和文化繁荣提供有力支撑。同时，家庭传承也是培养民族认同感和文化自信心的重要途径。通过传承传统文化中的优秀思想和价值观念，可以增强民族凝聚力和向心力，促进社会的和谐发展和文明进步。

（二）学校传承

1. 系统的课程设置与教材编写

学校通过开设系统的传统文化课程，将中华优秀传统文化纳入教学计划，确保学生能够系统地学习传统文化的知识和理念。这些课程可能包括经典诵读、诗词歌赋、书法绘画、戏曲音乐、传统节日与习俗等多个方面，旨在让学生全面了解传统文化的丰富内涵和独特魅力。同时，学校还会组织专家学者编写相关教材，确保教学内容的准确性和权威性。

2. 多样化的教学方法与手段

为了激发学生的学习兴趣和积极性，学校采用多样化的教学方法和手段。例如，情境教学、互动教学、项目式学习等现代教学方法被广泛应用于传统文化课程中，使学生能够在轻松愉快的氛围中学习传统文化。此外，学校还利用现代科技手段，如多媒体教学、网络教学资源等，拓宽学生的学习渠道和视野，让传统文化以更加生动、形象的方式展现在学生面前。

3. 丰富的校园文化活动

学校通过举办丰富多彩的校园文化活动，为学生提供展示和体验传统文化的平台。这些活动可能包括传统文化节、文艺汇演、书画展览、诗词朗诵比赛等，让学生在参与中感受传统文化的魅力，加深对传统文化的理解和认同。同时，学校还鼓励学生积极参与传统文化的传承和创新活动，如传统技艺的传承学习、文化创新项目的策划与实施等，培养学生的创新精神和实践能力。

4. 跨学科融合与综合实践

学校注重将传统文化教育与其他学科教育相融合，形成跨学科的综合教育模式。例如，在历史课程中融入传统文化的历史背景和文化内涵；在语文课程中强化古典文学的阅读与鉴赏；在美术课程中教授传统绘画技法等。此外，学校还通过组织综合实践活动，如参观博物馆、文化遗址等，让学生亲身体验传统文化的历史底蕴和文化魅力，加深对传统文化的理解和感悟。

5. 师资队伍与专业培训

学校注重培养具有传统文化素养和教育教学能力的师资队伍。通过组织专业培训、学术研讨等方式，提高教师对传统文化的认识和理解水平，提升他们的教育教学能力。同时，学校还鼓励教师积极参与传统文化的传承和创新活动，为传统文化的传承和发展贡献力量。

（三）社会传承

1. 政府主导与政策支持

制定文化传承政策，政府通过制定和实施一系列文化传承政策，为传统文化的传承与发展提供政策保障。这些政策可能涉及文化遗产保护、传统文化产业发展、文化节庆活动举办等多个方面；建立文化传承机制，政府主导建立文化传承机制，如设立专项资金支持传统文化项目、建立非物质文化遗产保护名录、推动传统文化进校园等，确保传统文化的传承工作有序进行。

2. 文化机构与设施建设

博物馆、图书馆、文化馆等文化机构在传统文化传承中发挥着重要作用。它们通过举办展览、讲座、演出等活动，向公众普及传统文化知识，提高公众对传统文化的认识和兴趣；政府和社会力量共同推动文化设施建设，如建设传统文化街区、修复历史建筑、打造文化主题公园等，为传统文化的传承与发展提供物质载体和展示平台。

3. 媒体传播与舆论引导

传统媒体传播，电视、广播、报纸等传统媒体通过制作和播放传统文化节目、报道传统文化活动等方式，扩大传统文化的传播范围和影响力；新媒体传播，随着互联网的普及和发展，新媒体成为传统文化传播的重要渠道。社交媒体、短视频平台等新媒体通过制作和传播与传统文化相关的内容，吸引更多年轻受众关注传统文化；舆论引导，媒体通过正面报道和舆论引导，营造尊重传统文化、传承传统文化的良好社会氛围，激发公众对传统文化的认同感和自豪感。

4. 民间组织与群众参与

民间组织在传统文化传承中发挥着桥梁和纽带的作用。它们通过组织传统文化节庆活动、传统技艺传承学习、文化交流互鉴等活动，推动传统文化的传承与发展；群众是传统文化传承的主体。通过参与传统文化活动、学习传统技艺、传承家风家训等方式，群众在实践中体验和感受传统文化的魅力，成为传统文化传承的重要力量。

5. 文化创意产业与经济发展

文化创意产业将传统文化元素与现代设计、科技相结合，开发出具有创新性和市场竞争力的文化产品。这些产品不仅满足了人们对传统文化的需求，还推动了传统文化的传播和普及；经济发展与文化传承的结合，通过发展文化创意产业，可以实现经济发展与文化传承的双赢。一方面，文化创意产业成为新的经济增长点；另一方面，传统文化的传承与发展也得到了更多的资源和支持。

二、非物质文化遗产保护体系

非物质文化遗产保护体系是一个多层次、多方面的综合体系，包括政策法规体系、机构组织体系、名录保护体系、传承人保护体系、生态保护区建设、宣传教育体系以及社会参与体系等多个方面。这一体系的建设和实施对于保护和传承非物质文化遗产、推动文化多样性和文化交流、促进文化创新和文化产业发展等方面具有重要的意义和价值。

（一）政策法规体系

1. 国家法律层面

2011 年 2 月 25 日，《中华人民共和国非物质文化遗产法》由中华人民共和国第十一届全国人民代表大会常务委员会第十九次会议通过，自2011 年 6 月 1 日起施行。该法共六章四十五条，包括总则、非物质文化遗产的调查、非物质文化遗产代表性项目名录、非物质文化遗产的传承与传播、法律责任和附则。法律明确了对非物质文化遗产采取认定、记录、建档等措施予以保存，对具有历史、文学、艺术、科学价值的非物质文化遗产采取传承、传播等措施予以保护。同时，强调了保护非物质文化遗产的真实性、整体性和传承性，有利于增强中华民族的文化认同，维护国家统一和民族团结，促进社会和谐和可持续发展。《中华人民共和国非物质文化遗产法》的出台，标志着我国非物质文化遗产保护进入依法保护的新阶段，对加强非物质文化遗产保护、保存工作，继承和弘扬中华民族优秀传统文化，促进社会主义精神文明建设具有重要意义。

2. 地方法规与政策

各省级、市级政府根据《中华人民共和国非物质文化遗产法》的精神，结合本地实际情况，制定了一系列地方性法规，进一步细化和完善了非物质文化遗产保护的具体措施和办法；政府相关部门还会发布一系列政策文件，如"十四五"非物质文化遗产保护规划等，明确非物质文化遗产保护的目标、任务、原则和措施，为保护工作提供政策指导和支持。

3. 配套制度与措施

（1）名录制度

建立非物质文化遗产代表性项目名录，对具有代表性的非物质文化遗产代表性项目进行认定和记录，并公布名录，明确保护的重点和对象。

（2）传承人制度

认定和命名代表性传承人，为他们提供必要的资金支持和政策保障，鼓励他们积极投身于非物质文化遗产的传承和传播工作。

（3）生态保护区制度

划定非物质文化遗产生态保护区，限制或禁止在该区域内进行与非物质文化遗产保护相悖的开发活动，保护非物质文化遗产的生态环境和文化氛围。

（4）监督检查与评估

建立非物质文化遗产保护的监督检查和评估机制，对保护工作的实施情况进行监督和评估，确保各项保护措施得到有效执行。

（二）机构组织体系

1. 国家层面的机构组织

文化和旅游部非物质文化遗产司负责全国非物质文化遗产保护工作的规划、组织、协调和指导。制定相关政策、法规和标准，推动非物质文化遗产保护工作的深入开展。作为国家级非物质文化遗产保护工作的主管部门，文化和旅游部非物质文化遗产司在保护工作的顶层设计、政策制定、项目审批等方面发挥着核心作用。

中国非物质文化遗产保护中心是文化和旅游部直属事业单位，是我国非物质文化遗产保护工作的国家级专业机构。承担全国非物质文化遗产保护的有关具体工作，履行非物质文化遗产保护工作的政策咨询、业务指导、组织协调、对外交流与合作等职能。工作内容包括非物质文化遗产的普查、记录、整理、研究、传播、展示、交流等工作，以及为传承人提供必要的支持和帮助。

2. 地方层面的机构组织

（1）省级非物质文化遗产保护中心

各省、自治区、直辖市根据实际情况设立省级非物质文化遗产保护中心，作为本省非物质文化遗产保护工作的专业机构。负责本省非物质文化遗产保护的规划、实施、监督和评估等工作，协调和指导本省内各级非物质文化遗产保护机构和传承人开展工作。

（2）市级、县级非物质文化遗产保护机构

各市、县（区）根据本地非物质文化遗产保护工作的需要，设立相应的非物质文化遗产保护机构或指定相关部门负责相关工作。负责本地非物质文化遗产保护的日常管理和具体实施工作，包括项目的申报、传承人的认定和管理、活动的组织和开展等。

3. 社会组织与团体

（1）非物质文化遗产保护协会

由非物质文化遗产代表性传承人、专家学者、文化工作者等组成的非营利性社会团体。参与非物质文化遗产保护工作的规划、咨询、评估和监督等工作，为政府提供决策参考，为传承人提供服务和支持。

（2）传承人工作坊、传习所等

由传承人自发组织或政府支持建立的，用于传承和传播非物质文化遗产的场所。通过举办培训班、传习班等形式，传授非物质文化遗产的技艺和知识，培养新的传承人，扩大非物质文化遗产的影响力。

4. 跨部门协作机制

多部门联合工作机制，由文化和旅游部门牵头，联合教育、财政、住建、民宗等多个部门共同组成。通过跨部门协作，整合各方资源，形成合力，共同推动非物质文化遗产保护工作的深入开展。

（三）名录保护体系

1. 国家级非物质文化遗产代表性项目名录

国家级非物质文化遗产代表性项目名录是由国务院根据《中华人民共和国非物质文化遗产法》等相关法律法规建立的，旨在保护、传承和弘扬中华民族优秀传统文化。具有杰出价值的民间传统文化表现形式或文化空间；或在非物质文化遗产中具有典型意义；或在历史、艺术、民族学、民俗学、社会学、人类学、语言学及文学等方面具有重要价值。申报项目需经过省级文化行政部门的初审，再由国家非物质文化遗产保护工作专家评审委员会进行评审，最终由国务院公布。

国家级非物质文化遗产代表性项目由保护单位具体承担保护与传承工作，保护单位需具备相应的条件和职责，如全面收集项目实物、资料并登记、整理、建档，为项目传承及相关活动提供必要条件等。

2. 地方级非物质文化遗产名录

地方级非物质文化遗产名录是由各省、自治区、直辖市人民政府根据《中华人民共和国非物质文化遗产法》和本省、自治区、直辖市的相关规定建立的，旨在保护本地具有重要价值的非物质文化遗产项目。地方级非物质文化遗产名录多分为省、市、县三级，分别由省、市、县人民政府批准和公布。各级名录的项目数量和内容根据本地实际情况而定，但均需符合相关法律法规和评审标准。

3. 代表性传承人制度

代表性传承人是非物质文化遗产保护的重要主体之一。各级文化和旅游行政部门负责认定和管理本级非物质文化遗产代表性项目的代表性传承人。认定条件包括长期从事非物质文化遗产传承实践、熟练掌握相关技艺和知识等。代表性传承人需积极开展传承活动，培养后继人才，并为非物质文化遗产的传承和保护作出贡献。同时，他们享有相应的权利和待遇，如获得项目资助、参与相关活动等。

4. 其他相关名录

除国家级和地方级非物质文化遗产名录，还有一些其他相关的名录或记录体系，如"人类非物质文化遗产代表作名录""急需保护的非物质文化遗产名录"等。这些名录或记录体系由国际组织或特定机构设立，旨在全球范围内保护和传承人类共同的文化遗产。

（四）传承人保护体系

1. 传承人认定与管理

认定标准通常包括传承人在特定非物质文化遗产领域的技艺掌握程度、传承活动的持续性、社会影响力及代表性等方面。认定程序一般由文化行政部门组织专家评审委员会进行评审，经公示后由政府部门认定并公布。

为每位认定的传承人建立详细的档案，记录其基本信息、传承技艺、传承活动及成果等。定期对传承人进行跟踪调查，了解其传承状况和需求，为制定保护措施提供依据。

2. 传承人权益保障

各级政府通过设立专项保护资金、提供项目资助、发放传承人补贴等方式，为传承人提供必要的经济支持，确保其能够专心从事传承活动；关注传承人的社会保障问题，将其纳入社会保障体系，解决其后顾之忧；加强对传承人创作的作品及传承技艺的知识产权保护，打击侵权行为，维护传承人的合法权益。

3. 传承人培养与激励

定期组织传承人参加培训、交流活动，提高其传承技艺水平和文化素养；鼓励传承人参与学校教育、社区教育等活动，培养新一代传承人。对在非物质文化遗产传承中作出突出贡献的传承人给予荣誉表彰和奖励，激发其传承热情。

4. 传承人传承环境优化

支持传承人建立传承基地、传习所等场所，为其提供良好的传承环境和条件。加强对非物质文化遗产所依存的文化生态环境的保护，维护传承人生存和发展的良好环境。

5. 传承人社会参与与传播

鼓励传承人参与社会公益活动、文化交流活动等，扩大其社会影响力。利用现代媒体手段，加强对传承人及其传承技艺的宣传和推广，提高公众对非物质文化遗产的认识和关注。

（五）生态保护区建设

文化生态保护区是指基于生态理念和整体性保护的原则，对一个特定环境或区域进行全面保护。它不仅包括有形的物质文化遗产，如古建筑、历史街区、传统民居等，还涵盖无形的非物质文化遗产，如口头传统、传统表演艺术、民俗活动、传统手工技艺等，以及与这些文化存在密切相关的自然环境。生态保护区建设的理念起源于 1995 年我国在贵州六枝特区梭戛乡试点的生态博物馆保护模式，该模式强调保护、保存、展示自然和文化遗产的真实性、完整性和原生态性，以及人与遗产之间积极和谐的活态关系。随着《中华人民共和国非物质文化遗产法》的颁布和实施，生态保护区建设逐渐成为我国非物质文化遗产保护的重要实践路径。

1. 建设目标

文化生态保护区的建设目标是实现"遗产丰富、氛围浓厚、特色鲜明、民众受益"。具体而言，就是要通过整体性保护，确保非物质文化遗产的存续和传承，同时促进当地经济社会的全面协调可持续发展。

2. 建设原则

整体性保护，强调对非物质文化遗产及其所依存的自然和人文环境进行全方位、立体化、多层次的保护，而不是孤立的项目保护；以人为本，充分尊重人民群众的主体地位，传承、发展、享用非物质文化遗产并受益于非物质文化遗产保护；活态传承，注重非物质文化遗产的活态传承，通过生产性保护、社区参与等方式，让非物质文化遗产在当代社会生活中焕发新的活力；可持续发展，推动非物质文化遗产的创造性转化和创新性发展，实现文化保护与经济社会发展的良性循环。

3. 建设内容

（1）非物质文化遗产保护

名录项目保护，对区域内具有代表性和重要价值的非物质文化遗产项目进行认定、记录和建档，制定保护规划，实施精准保护；传承人保护，认定并支持非物质文化遗产代表性传承人，为其提供良好的传承环境和条件，确保其技艺得到传承和发展；传承活动支持，鼓励和支持传承人开展传承活动，如举办培训班、传习所等，培养新一代传承人。

（2）物质文化遗产保护

古建筑与街区保护，对区域内的古建筑、历史街区等进行修缮和保护，保持其历史风貌和文化特色；传统民居保护，对传统民居进行普查、登记和保护，改善居民生活条件，同时保留其传统风貌和文化元素。

（3）自然环境与人文环境保护

自然环境保护，加强对区域内自然环境的保护，维护生态平衡和生物多样性；人文环境保护，保护区域内的人文环境，包括语言、习俗、信仰等非物质文化因素，营造浓厚的文化氛围。

（4）社区参与与共建共享

鼓励社区居民参与非物质文化遗产的保护和传承活动，增强他们的文化认同感和自豪感；推动非物质文化遗产的保护成果惠及更广泛的社会群体，实现文化资源的共享和利用。

4.实施与管理

文化生态保护区的建设由文化和旅游部门牵头，地方政府、社区、传承人及社会各界共同参与。建立健全的管理机制，包括制定保护规划、明确保护责任、加强监督评估等，确保各项保护措施得到有效落实。政府应出台相关政策措施，为文化生态保护区的建设提供资金、政策和技术支持。

（六）宣传教育体系

1.宣传教育的目标

增强公众认知，使公众了解非物质文化遗产的定义、分类、价值及保护的重要性；提升保护意识，激发公众对非物质文化遗产保护的热情和责任感，形成全社会共同参与保护的良好氛围；促进传承发展，通过教育和宣传，鼓励年轻人学习和传承非物质文化遗产，为非物质文化遗产的可持续发展注入新的活力。

2.宣传教育的内容

非物质文化遗产基础知识，包括非物质文化遗产的定义、分类、特点、价值等；保护法律法规，宣传《中华人民共和国非物质文化遗产法》等相关法律法规，提高公众的法律意识；传承人与传承活动，介绍非物质文化遗产代表性传承人及其传承活动，展示非物质文化遗产的活态传承；保护与利用案例，分享非物质文化遗产保护与利用的成功案例，鼓励社会各界探索和创新保护模式。

3.宣传教育的形式

（1）学校教育

融入课程体系，将非物质文化遗产教育纳入国民教育体系，从幼儿园到大学各阶段开设相关课程或活动；编写非物质文化遗产通识教育读本和教材，供学生学习使用；组织学生参观非物质文化遗产展览、体验传统手工艺等，增强感性认识。

（2）社会教育

利用电视、广播、报纸、网络等媒体平台，发布非物质文化遗产知识和保护信息；举办非物质文化遗产日、文化节、展览、讲座、研讨会等主题活动，吸引公众参与；运用数字技术制作非物质文化遗产宣传视频、微电影、虚拟现实体验等，拓宽传播渠道。

（3）社区教育

在社区开展非物质文化遗产展示、教学、表演等活动，增强社区居民的文化认同感和保护意识；招募志愿者参与非物质文化遗产保护工作，提供培训和指导，发挥志愿者的积极作用。

4.宣传教育的实施与评估

（1）实施机制

政府出台相关政策支持非物质文化遗产宣传教育工作的开展；建立跨部门协调机制，整合各方资源，共同推进宣传教育工作；设立专项经费支持非物质文化遗产宣传教育项目的实施。

（2）评估与反馈

定期对宣传教育工作的效果进行评估，了解公众的认知度和保护意识提升情况；收集公众对宣传教育工作的意见和建议，不断改进和优化宣传方式和内容。

（七）社会参与体系

1.政府引导与政策支持

政府制定并实施非物质文化遗产保护的相关法律法规和政策措施，为社会参与提供法律保障和政策支持；政府设立专项资金，用于支持非物质文化遗产的调查、记录、研究、传承、传播、展示等活动，鼓励社会力量参与保护；政府建立跨部门协调机制，整合各方资源，推动社会参与非物质文化遗产保护工作的深入开展。

2. 传承人主体作用的发挥

认定与管理，政府通过认定非物质文化遗产代表性传承人，明确其传承责任和义务，为其提供良好的传承环境和条件；传承活动支持，政府和社会力量支持传承人开展传承活动，如举办培训班、传习所等，培养新一代传承人。保护传承人的知识产权和经济权益，激励其积极投身非物质文化遗产的保护与传承事业。

3. 社区居民的广泛参与

通过宣传和教育活动，提高社区居民对非物质文化遗产的认知度和保护意识，激发其文化自觉和文化自信；鼓励社区居民参与非物质文化遗产的展示、表演、传承等活动，形成社区文化特色和文化氛围；推动非物质文化遗产的保护成果惠及社区居民，实现共建共享的文化发展目标。

4. 社会组织的积极作用

社会组织利用自身的专业优势，为非物质文化遗产的保护提供研究、咨询、评估等服务；招募志愿者参与非物质文化遗产的保护工作，如调查记录、宣传推广、教育普及等；促进国内外社会组织之间的交流与合作，共同推动非物质文化遗产的保护与传承。

5. 企业的社会责任

鼓励企业投入资金支持非物质文化遗产的保护与传承工作，实现经济效益与社会效益的双赢；引导企业开发具有非物质文化遗产元素的产品和服务，推动非物质文化遗产的创造性转化和创新性发展；利用企业的品牌影响力和市场渠道，宣传推广非物质文化遗产，提高公众的认知度和关注度。

6. 媒体的宣传引导

通过电视、广播、报纸、网络等媒体平台，广泛传播非物质文化遗产的知识和信息，提高公众的认知度和保护意识。发挥媒体的舆论引导作用，倡导正确的文化价值观和保护理念，营造全社会共同关注非物质文化遗产的良好氛围。

第二节 传承中的问题与挑战

一、传承人才短缺与老龄化问题

（一）传承人才短缺

1. 传承人才数量不足

随着现代社会的快速发展，许多年轻人对传统文化的兴趣逐渐减弱，选择从事传统文化传承工作的人数相对较少。这导致在一些非物质文化遗产领域，特别是需要长时间学习和实践才能掌握的传统技艺和文化遗产方面，年轻传承人的数量严重不足。这种人才短缺的现象直接威胁到了传统文化的传承与发展。

2. 传承人才质量参差不齐

即使有一定的传承人才数量，但他们的整体素质和技能水平也参差不齐。一些传承人虽然具备了一定的技艺基础，但缺乏深入的理论研究和创新能力，难以在传承过程中注入新的活力和元素。同时，也有一些传承人虽然对传统文化有深厚的感情和热情，但受限于自身条件和能力，难以承担起传承的重任。

3. 传承人才流失严重

在传统文化传承的过程中，还面临着传承人才流失的严峻问题。一些优秀的传承人因为生活压力、工作环境等原因，选择放弃传承工作而转行从事其他职业。这种人才的流失不仅削弱了传统文化的传承力量，也影响了传统文化的传承效果和质量。

4. 原因分析

（1）社会认知度低

尽管中华优秀传统文化具有深厚的历史底蕴和独特的魅力，但在现代社会中，其社会认知度仍然相对较低。很多人对传统文化的价值和意义缺乏足够的了解，导致对传承工作的重视程度不够。

（2）经济压力

从事传统文化传承工作往往面临着较大的经济压力。一方面，传承人的收入水平相对较低，难以维持生计；另一方面，传承工作通常需要投入大量的时间和精力，而回报却相对有限。这使得许多年轻人不愿意从事这一职业。

（3）教育体系不完善

当前的教育体系对传统文化的传承重视不足，缺乏系统的教育和培训机制。这导致许多年轻人对传统文化缺乏深入的了解和认识，难以形成对传统文化的兴趣和热爱。

5. 解决方案

（1）加强教育培养

基础教育阶段，将中华优秀传统文化纳入学校课程体系，通过开设相关课程、举办文化活动等方式，培养学生对传统文化的兴趣和热爱；高等教育阶段，设立相关专业和研究方向，如文化遗产保护、非物质文化遗产传承等，培养具有专业素养和创新能力的传承人才；职业教育与培训，加强文化艺术职业教育，支持文化艺术职业院校加强基础能力建设，提高教学水平和质量。同时，开展各类传承人才培训班，为现有传承人提供继续教育和提升机会。

（2）完善激励机制

政策扶持，政府应出台相关政策，对传承人才给予资金、税收等方面的扶持，降低他们的经济压力；对在传承工作中做出突出贡献的传承人给予荣誉表彰，提高他们的社会地位和影响力；市场激励，通过市场化运作，让传承人的作品和产品得到更广泛的认可和销售，从而激发他们的传承热情和创新动力。

（3）拓宽传承渠道

数字化传承，利用现代科技手段，如数字化记录、网络传播等，拓宽传承渠道和受众范围。通过构建数字资产库、开发在线课程等方式，让更多人了解和学习传统文化；鼓励传承人与其他领域的专家、学者、企业等进行跨界合作，共同探索传统文化的新表达方式和传播路径。

（二）老龄化问题

1. 传承人年龄结构偏大

在许多非物质文化遗产领域，传承人的年龄结构普遍偏大。一些老艺人年事已高，难以继续承担传承工作的重任。这导致许多传统技艺和文化遗产面临着失传的风险。

2. 传承链条断裂

由于传承人的老龄化问题严重，导致传承链条出现了断裂的现象。一些传统技艺和文化遗产在老一辈传承人去世后，无人能够继续传承和发展下去。

3. 原因分析

（1）历史原因

许多传统技艺和文化遗产的传承人都是在过去的历史时期中成长起来的。随着时间的推移，这些传承人的年龄逐渐增大，而新的传承人却未能及时补充上来。

（2）社会变迁

随着社会的变迁和现代化进程的加速，许多传统技艺和文化遗产逐渐失去了原有的市场和生存空间。这导致一些年轻人不愿意从事传统文化传承工作，而是选择进入更为现代化的行业和领域。

4. 解决方案

（1）实施积极老龄政策

完善养老保障体系，建立健全覆盖城乡的养老保障体系，提高老年人的生活保障水平；推动健康老龄化，加强老年人健康管理和服务，提高老年人的健康水平和生活质量；鼓励老有所为，倡导老年人积极参与社会活动，发挥他们的经验和智慧，实现自我价值和社会价值。

（2）加强老年教育与文化传承

开设老年大学，为老年人提供学习传统文化的机会和平台，让他们在学习中感受传统文化的魅力和价值；推广传统文化活动，在社区、公园等公共场所举办传统文化活动，如书法、绘画、戏曲等，吸引老年人参与并传承传统文化；加强家庭传承，鼓励家庭成员之间传承传统文化，通过家庭教育和代际传承的方式，让传统文化得以延续和发展。

（3）构建社会支持体系

加强志愿服务，鼓励志愿者为老年人提供陪伴、照顾等服务，减轻他们的孤独感和无助感；建立互助机制，在社区内建立老年人互助机制，让他们相互帮助、相互支持，共同应对老龄化带来的挑战；加强社会宣传，通过媒体、网络等渠道加强社会宣传，提高全社会对老龄化问题的认识和重视程度，形成全社会共同关注和支持老龄事业的良好氛围。

二、文化传承的商业化与庸俗化倾向

（一）商业化倾向

1. 积极表现

（1）促进文化传播与普及

商业化运作通过市场化手段，将传统文化元素融入各类产品和服务中，使传统文化以更加生动、直观的形式展现给公众，从而扩大了传统文化的传播范围和影响力。例如，文化旅游项目、文创产品、文化节庆活动等，都有效地促进了传统文化的普及和传播。

（2）推动文化创新与发展

商业化过程中，为了满足市场需求和消费者偏好，传统文化元素往往需要进行创新性的转化和再创造。这种创新不仅保留了传统文化的精髓，还融入了现代审美和时代精神，推动了传统文化的创新与发展。例如，将传统艺术元素与现代设计相结合，开发出具有民族特色和现代感的文创产品；将传统故事、传说等改编成影视作品、动漫游戏等，以新的形式呈现给公众。

（3）带动地方经济发展

传统文化的商业化运作往往与地方经济发展紧密相连。通过开发具有地方特色的文化旅游项目、文创产品等，可以带动当地就业、增加居民收入、提升城市形象等，对地方经济发展产生积极的推动作用。

（4）增强文化自信与认同感

商业化运作使传统文化以更加鲜活、有趣的方式呈现在公众面前，增强了公众对传统文化的了解和认同，从而提升了文化自信。同时，传统文化在商业领域的成功应用也展示了中华文化的独特魅力和深厚底蕴，增强了民族自豪感和文化认同感。

2. 消极表现

（1）商业化过度导致文化失真

在追求经济效益的过程中，部分商业主体可能过于追求商业利益而忽视传统文化的真实性和完整性，导致传统文化元素被过度商业化、庸俗化甚至扭曲变形。例如，一些商家为了吸引眼球和制造卖点，可能会将传统故事、传说等传统文化元素简单地堆砌在产品上而缺乏文化内涵和深度。

（2）文化同质化现象严重

商业化运作往往追求规模效应和标准化生产，这可能导致传统文化产品和服务在内容和形式上出现同质化现象。同质化不仅削弱了传统文化的独特性和多样性，也降低了公众对传统文化的兴趣和认同感。

（3）对自然环境和社会风貌造成破坏

部分文化旅游项目在开发过程中可能存在过度开发、乱搭乱建等问题，对自然环境和社会风貌造成破坏。这种破坏不仅影响了当地居民的生活环境和生活质量，也损害了传统文化的生态基础和社会基础。

（4）经济利益的驱动可能损害文化价值

在商业化运作中，经济利益的驱动可能导致一些商家为了追求短期利益而忽视长期的文化价值和社会责任。例如，一些商家可能会通过低价劣质的产品或服务来抢占市场份额；或者为了吸引游客而过度开发文化旅游资源导致文化资源的枯竭和破坏。

（二）庸俗化倾向

1. 文化内涵的浅薄化

在商业化运作中，为了迎合市场快速消费的需求，部分商家和媒体往往只关注传统文化的表面形式，而忽视了其深厚的文化内涵。这种对传统文化浅薄化的解读和呈现，使得传统文化变得空洞无物，失去了原有的魅力和价值。例如，一些以传统文化为主题的旅游项目，可能只注重场景的布置和氛围的营造，而忽视了对传统文化精神的深入挖掘和阐释。

2. 文化元素的滥用与扭曲

为了吸引眼球和制造卖点，部分商家和媒体可能会滥用或扭曲传统文化元素。他们可能将传统文化元素简单地堆砌在产品或活动中，而不考虑其文化背景和象征意义；或者将传统文化元素进行夸张、变形甚至恶搞，以博取关注和笑声。这种滥用和扭曲不仅损害了传统文化的形象，也误导了公众对传统文化的认知。

3. 文化价值的功利化

在庸俗化倾向中，文化价值往往被功利化。部分商家和媒体将传统文化视为赚取利润的工具，通过过度商业化和过度开发来追求经济利益。他们可能忽视了传统文化的精神内涵和社会价值，只关注其商业价值和市场潜力。这种功利化的态度不仅破坏了传统文化的纯正性，也削弱了公众对传统文化的尊重和认同。

4. 文化消费的浅层次

庸俗化倾向还体现在公众对传统文化消费的浅层次上。在快速消费的时代背景下，公众往往只关注传统文化的外在形式和短暂体验，而忽视了其内在的精神追求和长远价值。他们可能更愿意购买一些具有传统文化元素的商品或参加一些热闹的传统文化活动，而不愿意深入了解和学习传统文化的精髓和内涵。这种浅层次的消费方式不仅无法真正传承和弘扬传统文化，还可能加剧传统文化的庸俗化倾向。

（三）解决方案

1. 加强政策引导与监管

制定相关政策和法规。政府应出台相关政策，明确传统文化商业化运作的规范和标准，防止过度商业化和庸俗化现象的发生。同时，加强对文化市场的监管，对违规行为进行严厉打击；建立对传统文化商业化项目的评估机制，从文化内涵、社会价值、经济效益等多个维度进行综合评价，确保项目在追求经济效益的同时，不损害传统文化的纯正性和社会价值。

2. 提升文化产品质量与创新

深入挖掘文化内涵。在商业化运作中，应深入挖掘传统文化的内涵和精髓，注重文化元素的合理运用和创新转化，避免肤浅和庸俗的呈现方式；

提高产品质量，加强文化产品的质量控制，注重产品的设计、制作和包装等各个环节，确保产品具有高品质和独特魅力，能够真正体现传统文化的价值；鼓励企业和个人在传统文化商业化过程中进行创新尝试，探索新的商业模式和产品形式，以满足市场需求和消费者偏好。

3. 加强公众教育与引导

普及传统文化知识。通过各种渠道和方式，如学校教育、社会教育、媒体宣传等，普及传统文化知识，提高公众对传统文化的认知和理解水平；引导正确消费观念，加强对公众的消费观念引导，倡导理性消费和文化消费，避免盲目追求时尚和潮流而导致的文化消费庸俗化现象；增强文化自信，通过展示传统文化的独特魅力和价值，增强公众的文化自信和文化认同感，让更多人愿意参与到传统文化的传承和保护中来。

4. 促进产业融合与协同发展

推动文化产业与其他产业融合。加强文化产业与旅游、科技、教育等产业的融合发展，形成产业链和产业集群效应，提高传统文化的市场影响力和竞争力；加强区域合作与交流，加强不同地区之间的文化合作与交流，共同推动传统文化的传承和发展。通过举办文化节庆、展览演出等活动，展示各地的传统文化特色和魅力。

5. 具体实践案例

（1）文物主题游径建设

国家文物局等部门联合推进文物主题游径建设，通过整合文物资源、挖掘文化内涵、打造特色线路等方式，推动传统文化的传承和发展。这种方式既能够保护文物资源不受破坏，又能够让公众在游览过程中感受到传统文化的魅力。

（2）文化创意产品开发

鼓励企业和个人开发具有创新性和文化内涵的文化创意产品，如将传统艺术元素与现代设计相结合的服饰、家居用品等。这些产品既能够满足市场需求和消费者偏好，又能够传承和弘扬传统文化。

三、外部文化冲击下的本土文化认同危机

（一）价值观冲突与认同困惑

1. 价值观冲突

（1）个人主义与集体主义的冲突

西方文化强调个人主义，重视个体的权利和自由，追求个人价值的实现。而中国传统文化则更加注重集体主义，强调个人对家庭、社会和国家的责任和义务。这种价值观的差异在全球化时代尤为突出，导致了许多人在个人与集体利益之间产生困惑和矛盾。

（2）现代与传统价值观的碰撞

随着西方文化的传播，现代价值观如自由、平等、民主等在中国社会逐渐普及，并与传统价值观如尊卑有序、长幼有别等产生碰撞。这种碰撞使得一些人在价值观选择上感到迷茫和困惑，难以在传统文化与现代文化之间找到平衡点。

（3）消费主义与节俭美德的冲突

西方文化中的消费主义观念对中国社会产生了深远影响，导致一些人追求物质享受和奢侈生活，忽视了勤俭节约的传统美德。这种价值观的冲突使得一些人在消费观念上产生困惑，难以在物质追求与精神满足之间找到和谐共处的方式。

2. 认同困惑

（1）文化身份认同的困惑

在全球化时代，文化身份的认同变得越来越复杂。一些人既想保持自己的传统文化身份，又受到外来文化的吸引和影响。这种双重文化身份使得他们在文化认同上产生困惑，难以确定自己的文化归属感和身份认同。

（2）价值观选择的困惑

面对多元化的价值观选择，一些人感到无所适从。他们既想追求个人自由和权利的实现，又不想放弃对家庭和社会的责任和义务。这种价值观选择的困惑使得他们在道德判断和行为选择上感到迷茫和矛盾。

（3）文化自信的缺失

在外部文化的冲击下，一些人对自己的文化产生了怀疑和否定。他们认为自己的文化已经过时、落后，无法与现代文化相抗衡。这种文化自信的缺失使得他们在面对外来文化时缺乏抵抗力和自我保护能力，更容易陷入文化认同的危机之中。

3. 解决策略与建议

（1）加强文化教育

通过学校教育、社会教育等多种渠道加强传统文化的教育和宣传，提高公众对传统文化的认知和理解水平。同时，也要引导公众正确看待外来文化，保持开放包容的心态。

（2）促进文化交流与融合

在保持本土文化特色的基础上，积极促进不同文化之间的交流与融合。通过文化交流活动、文化节庆等方式展示不同文化的独特魅力和价值，增进相互了解和尊重。

（3）弘扬社会主义核心价值观

社会主义核心价值观是中华优秀传统文化的传承和创新发展，具有鲜明的时代特色和民族特色。要大力弘扬社会主义核心价值观，引导公众树立正确的价值观和文化观，增强文化自信和认同感。

（4）加强文化市场监管

建立健全文化市场监管机制，加强对文化市场的监管和执法力度。打击低俗、庸俗、媚俗等不良文化产品的传播和销售，维护健康有序的文化市场秩序。

（二）文化认同感的淡化

1. 传统文化认知的减弱

随着全球化进程的加速，西方文化、流行文化等外来文化大量涌入，年轻人接触到的文化信息日益丰富多样。然而，这种多元化的文化环境也在一定程度上削弱了他们对传统文化的认知和兴趣。许多年轻人对中华优秀传统文化的了解仅限于表面，对其深层次的价值和内涵缺乏深入的理解和体会，导致文化认同感逐渐淡化。

2. 价值观的转变

在全球化背景下，西方价值观如个人主义、自由主义等在中国社会逐渐普及，对年轻人的价值观产生了深远影响。他们更加关注个人权益和自由，追求个性化和多样化的生活方式，而对传统文化中强调的集体主义、家庭观念等价值观逐渐淡漠。这种价值观的转变使得年轻人难以在传统文化中找到共鸣和归属感，进而加剧了文化认同感的淡化。

3. 文化消费倾向的改变

在现代社会，文化消费成为人们生活中不可或缺的一部分。然而，在全球化影响下，年轻人的文化消费倾向发生了显著变化。他们更倾向于追求时尚、潮流和西方文化元素的文化产品，如好莱坞大片、流行音乐、快餐文化等，而对传统文化的消费兴趣逐渐减弱。这种文化消费倾向的改变不仅削弱了传统文化的市场影响力，也进一步加剧了文化认同感的淡化。

4. 文化传承的断裂

文化传承是文化认同的重要基础。然而，在全球化冲击下，传统文化的传承面临着诸多困境。一方面，许多传统文化技艺和知识因缺乏传承人而面临失传的风险；另一方面，现代社会的快节奏生活方式和功利主义观念使得年轻人难以静下心来学习和传承传统文化。这种文化传承的断裂使得传统文化的生命力和影响力逐渐减弱，进而加剧了文化认同感的淡化。

5. 文化自信的缺失

文化自信是一个国家、一个民族对自身文化价值的充分肯定和积极践行。然而，在全球化背景下，一些人对自己的文化产生了怀疑和否定。他们认为自己的文化已经过时、落后，无法与现代文化相抗衡。这种文化自信的缺失使得他们在面对外来文化时缺乏抵抗力和自我保护能力，更容易陷入文化认同的危机之中。

6. 解决策略与建议

为应对中外部文化冲击下本土文化认同危机中文化认同感的淡化问题，我们可以采取的策略和建议有：一加强文化教育，通过学校教育、社会教育等多种渠道加强传统文化的教育和宣传，提高公众对传统文化的认知和理解水平；二促进文化交流与融合，在保持本土文化特色的基础上，积极促进不同文化之间的交流与融合，展示中华优秀传统文化的独特魅力和价值；三创新文化传承方式，利用现代科技手段创新文化传承方式，如数字化、网络化等，使传统文化更加贴近年轻人的生活和需求；四弘扬文化自信，通过各种渠道和方式弘扬文化自信，引导公众正确看待自己的文化，增强对本土文化的认同感和自豪感；五加强文化市场监管，建立健全文化市场监管机制，打击低俗、庸俗、媚俗等不良文化产品的传播和销售，维护健康有序的文化市场秩序。

（三）传统文化传承的困境

1. 西方文化冲击与传统文化发展空间缩减

（1）全球化带来的文化碰撞

随着全球化的加速发展，西方文化以其强大的经济影响力作为支撑，不断向中国渗透，对中国传统文化造成了巨大的冲击。这种文化碰撞使得中国传统文化的现代发展空间日益缩减。

（2）年轻人文化倾向的变化

年轻一代在全球化背景下，更容易接触到和接受西方文化，导致他们对传统文化的兴趣和认同感逐渐减弱。这种文化倾向的变化进一步加剧了传统文化传承的困境。

（3）文化盗用与误解

中国的一些优秀传统文化元素被西方国家盗用并进行包装改造，赋予其他民族的元素与含义，这不仅削弱了传统文化的独特性和辨识度，还可能导致公众对传统文化的误解和忽视。

2. 文化传承主体的传承意识薄弱

在全球化的浪潮中，部分人对传统文化的认同感逐渐减弱，甚至出现了漠视传统文化的现象。这种文化认同感的下降使得传统文化的传承失去了重要的社会基础。许多人在日常生活中缺乏对传统文化的关注和了解，导致他们对传统文化的传承缺乏必要的认识和行动。这种传承意识的缺乏使得传统文化的传承工作难以有效开展。

3. 传承人才队伍的匮乏

从事古典戏剧、特色建筑、传统医学、民风民俗等与中国传统文化相关职业的人才在不同程度上出现了流失的现象。这些人才的流失使得传统文化的传承工作失去了重要的支撑力量。典型的文化传承人已经进入高龄化状态，而年轻一代的传承人又难以在短时间内接管传统文化，导致文化继承人的代际断层问题日益严重。

4. 传统文化教育的不足

传统文化的教材内容往往单一且枯燥，难以引起学生的兴趣。同时，教材内容与现代社会的实际脱节，使得学生在学习中难以产生共鸣。学校教育中缺乏对传统文化的系统学习和传承机制，导致学生在成长过程中对传统文化的了解和认识有限。

5. 文化传承的保障体系不足

目前关于传统文化传承的法律法规尚不完善，难以为传统文化的传承提供有效的法律保障。传统文化的传承需要大量的资金支持，但当前政府和社会对传统文化的资金投入相对有限，难以满足传承工作的实际需求。

6. 民族文化认知差异与开发转化难

民族传统文化传承人在社会上的身份往往不被认可，导致他们难以树立起传承民族传统文化的信心。民族文化传承人与科研院校、企业等开发利用民族文化的专家学者之间存在认知差异，导致民族文化在开发转化过程中存在困难。

（四）文化市场的过度商业化

1. 削弱文化认同的根基

本土文化认同是建立在深厚的文化根基之上的，它包含了民族的历史记忆、价值观念、风俗习惯等多个方面。然而，过度商业化往往导致文化产品被简化为商品，其背后的文化内涵和精神价值被忽视或淡化。这种趋势削弱了本土文化的独特性和辨识度，使得人们在面对外来文化时更容易产生文化认同的困惑和迷茫。

2. 扭曲文化价值观

文化市场的过度商业化往往伴随着对经济效益的过度追求，这导致一些文化产品为了迎合市场需求而刻意追求新奇、刺激或低俗的元素。这种趋势不仅扭曲了文化产品的本质属性，还影响了人们的文化价值观。在过度商业化的文化环境中，一些人可能更倾向于追求表面的娱乐和享受，而忽视了文化产品所承载的深层次精神内涵和价值观念。这种价值观的扭曲进一步削弱了本土文化认同的稳固性。

3. 削弱文化传承的力量

本土文化的传承需要依靠一代又一代人的共同努力和坚守。然而，在过度商业化的文化市场中，传统文化的传承往往面临诸多困难。一方面，传统文化元素被商业化运作后可能失去原有的韵味和特色，难以吸引年轻人的关注和喜爱；另一方面，一些传统文化传承人可能因经济压力而放弃传承事业，导致文化传承出现断层。这种情况下，本土文化的传承力量将大大削弱，甚至面临消亡的风险。

4. 加剧文化认同危机

过度商业化不仅削弱了本土文化认同的根基和力量，还可能加剧文化认同危机。在全球化和信息化的时代背景下，人们面临着来自不同国家和地区的文化冲击和交融。如果本土文化在商业化过程中失去了其独特性和吸引力，那么人们就可能更容易被外来文化所吸引和同化。这种情况下，本土文化认同将面临更加严峻的挑战和危机。

5. 影响社会文化的整体生态

文化市场的过度商业化还会对整个社会文化的生态产生负面影响。一方面，它可能导致文化产品的同质化现象加剧，使得市场上充斥着大量缺乏创新和个性的文化产品；另一方面，它还可能引发文化资源的浪费和破坏，如过度开发文化遗产、破坏文化生态环境等。这些现象都会对社会文化的整体生态造成不良影响，进而影响人们的文化认同感和文化自信。

6. 应对过度商业化的策略

（1）加强文化市场监管

政府应加强对文化市场的监管力度，打击低俗、恶俗的文化产品和侵权行为，维护文化市场的健康发展。同时，还应加强对文化产品精神属性和文化内涵的审核和把关，确保文化产品能够传递正确的价值观和文化精神。

（2）推动文化创新

在保护传统文化的基础上，应积极推动文化创新，开发具有时代特色和文化内涵的新文化产品。这些产品应能够满足人们的文化消费需求，同时传递正确的价值观和文化精神，增强人们的文化认同感和文化自信。

（3）培养文化消费观念

通过教育和宣传等手段，培养人们的文化消费观念，引导人们注重文化产品的精神属性和文化内涵，而非仅仅追求其娱乐性和消费性。这样可以提高人们的文化素养和文化鉴赏能力，促进文化市场的健康发展。

第三节 成功案例与经验分享

一、优秀传承项目展示

（一）重点展览项目

亘古巨制 煌煌文脉——中华优秀传统文化典籍展（国家典籍博物馆）：此展览展示了中华优秀传统文化的典籍，让观众深入了解中华文化的深厚底蕴。

1. 展览概述

该展览旨在通过展示中华优秀传统文化的典籍，让观众深入了解中华文化的深厚底蕴和悠久历史。作为国家级博物馆的重要展览之一，它充分展示了国家典籍博物馆在典籍收藏、展示、研究、保护等方面的综合实力和独特优势。

2. 展览内容

展览涵盖了从甲骨刻辞、青铜器铭文、竹简、帛书、石刻文字到纸质写卷、刻本等各类中华典籍。其藏品丰富，代表性展品众多，其中包括国家一级文物，如三千多年前的殷墟甲骨和百年前的名家手稿等。重点展品有：《永乐大典》作为展览的亮点之一，让观众有机会近距离接触这部"序百王之传，总历代之典"的旷世宏篇。展览通过多种新媒体手段，如"名家带你临大典"触屏游戏、《永乐大典》知识互动游戏等，增强了观众的参与感和体验感；《茶经》版本展览还展出了现存最早的《茶经》版本——宋咸淳九年（1273）百川学海本《茶经》，以及其他珍贵典籍，全面展示了中国茶文化的悠久历史和独特魅力。

展览单元以"茶和天下 典籍里的茶"为例，展览共分为"茶之源""茶之饮""茶之道""茶之政""茶之路"五个单元，系统梳理了中国茶文化的发展历程和东西方文明交流互鉴的深远影响。另外，展览中设置了多个互动体验区，如通过新媒体技术让观众亲身体验古籍的翻阅过程，了解古籍的制作工艺和保护知识。同时，还有专家现场讲解和导览服务，帮助观众更好地理解和欣赏展品。

3. 展览意义

弘扬中华优秀传统文化，通过展示中华优秀传统文化的典籍，增强观众对中华文化的认同感和自豪感，推动中华优秀传统文化的传承和发展；提升国家文化软实力，作为国家典籍博物馆的重要展览项目，该展览展示了中国在典籍收藏、保护、研究等方面的成就和实力，提升了国家的文化形象和软实力；促进文化交流与互鉴，通过展示中国茶文化等具有代表性的文化元素，促进了中外文化的交流与互鉴，增进了不同文化之间的理解和尊重。

除以上示例，还有一些成功案例，例如：中华文明的有力见证——北京通史陈列（首都博物馆），通过丰富的文物和历史资料，展示了北京乃至中华文明的发展历程；盛世修典——"中国历代绘画大系"河北特展（河北博物院），集中展示了中国历代绘画的精品，展现了中华绘画艺术的辉煌成就；壁上万千——山西宋金壁画中的众生气象（山西博物院），通过山西宋金时期的壁画，展现了当时社会生活的各个方面和壁画艺术的独特魅力；文明之光——红山·良渚与中华文明（沈阳市文博中心），对比展示了红山文化和良渚文化的精品文物，揭示了这两个文化对中华文明的重要贡献；有龙则灵——大国重器里的中国龙（上海科技馆），通过展示与中国龙相关的文物和科技成果，展现了中华民族对龙的崇拜和创造精神；大美中国——秦汉文明专题展（陕西历史博物馆），以秦汉文明为主题，展示了这一时期的政治、经济、文化等方面的辉煌成就。

（二）文化活动与体验项目

中华民族共同体体验馆2024年第三期中华优秀传统文化体验项目（北京蒙藏学校旧址），由青海省、浙江省联合举办，通过展示青海和浙江两地的非物质文化遗产，增强了各族群众对中华文化的认同。活动包括青海"花儿"演唱、湟中鲁沙尔高跷表演、青绣工艺品制作过程展示等。

中华民族优秀文化体验项目（浙江馆）"杭州周"，在杭州周期间，来自杭州各区县的非物质文化遗产汇聚于北京蒙藏学校旧址，展示了如西兴盘纽扣、西兴剪纸及西兴茶点等特色非遗项目，让参观者近距离感受中华文化的博大精深。

（三）教育项目

"传承的力量"学校体育美育传承弘扬中华优秀传统文化系列活动，在全国大中小学广泛开展，通过体育美育课程和活动，将中华优秀传统文化融入学校教育全过程。

中华优秀传统文化传承基地和传承学校建设，在全国高校建设了106个中华优秀传统文化传承基地，在中小学建设了近3000所中华优秀传统文化艺术传承学校，推动中华优秀传统文化教育的普及和深入。

（四）其他展示形式

数字全景展厅项目，如《全景故宫》《全景兵马俑》等，利用数字技术让观众在家中就能"漫游"文化遗产地，近距离欣赏到文化遗产的精美细节。

"云游敦煌"微信小程序，由敦煌研究院推出，让观众通过手机就能欣赏到敦煌石窟的壁画、彩塑等珍贵文化遗产。

二、传承创新的有效策略与路径

（一）深入挖掘与保护传统文化精髓

1. 文化资源普查与整理

组织各部门、单位全面开展文化资源普查整理工作，确保不留死角，涵盖所有类型的文化遗产资源，包括可移动文物、古籍、美术馆藏品、戏曲剧种等。在普查的基础上，对重点文化资源进行深入调研，了解其历史背景、文化内涵、艺术价值及现状，为后续的保护与传承提供翔实的数据支持；补充完善各类资源数据，建立完整的文化资源数据库，为中华优秀传统文化的科学保护与创新发展提供坚实的数据支撑。

2. 重点文物保护

加强相关法律法规的制定与完善，确保文化遗产保护有法可依、有章可循。对重点文物实施严格的法律保护，防止人为破坏和自然侵蚀。对受损的文化遗产进行及时、科学的修复维护，恢复其原貌，延长其使用寿命。同时，加强遗址保护区的建设与管理，确保文物所处的环境得到妥善保护。在保护的前提下，合理利用文化遗产资源，通过展览、展示等方式，让公众了解文化遗产的价值与魅力，增强公众的文化自信和保护意识。

3. 挖掘传统文化精髓

组织专家学者对中华优秀传统文化进行深入研究，挖掘其深层次的内涵和时代价值。特别是对古籍经典、传统艺术、民俗风情等领域的挖掘，揭示其背后的文化意蕴和历史传承。

在挖掘传统文化精髓的基础上，进行创新性转化和发展。将传统文化与现代生活相结合，创造出具有时代特色的文化产品和服务，满足人民群众日益增长的精神文化需求。将传统文化精髓纳入教育体系，通过学校教育、社会教育等多种方式，普及传统文化知识，培养青少年的文化认同感和自豪感。同时，加强对公众的文化教育，提高全社会的文化素养和审美能力。

4. 构建保护机制

加大对中华优秀传统文化保护的政策扶持力度，完善相关政策法规体系，为文化保护提供有力的政策保障；设立专项资金用于文化遗产保护、修复、展示等工作，确保文化保护项目的顺利实施。同时，鼓励社会力量参与文化保护事业，形成多元化的资金投入机制；加强文化保护人才的培养和引进工作，提高文化保护队伍的专业素质和工作能力。同时，加强与国际社会的交流与合作，借鉴国外先进的文化保护经验和技术手段。

（二）创新阐释与丰富文化内涵

1. 创新阐释

时代化解读，结合当下社会背景和发展需求，对中华优秀传统文化的核心理念和价值观进行时代化的解读。例如，将儒家思想中的"仁""义""礼""智""信"等价值理念与现代社会的公平正义、诚信友善等价值观相结合，赋予其新的时代内涵。

跨学科融合，鼓励跨学科研究，将传统文化与哲学、社会学、心理学、艺术学等多个学科领域相结合，从多个角度深入挖掘和阐释传统文化的丰富内涵。这种跨学科融合有助于拓展传统文化的应用范围，增强其影响力和感召力。

国际化视野，在阐释传统文化时，融入国际化视野，将其置于全球文化交流的背景中进行考察。通过比较不同文化之间的异同点，揭示中华优秀传统文化的独特魅力和普遍价值，推动其在国际舞台上的传播和交流。

2. 丰富文化内涵

挖掘传统资源，深入挖掘传统文化中的丰富资源，包括历史文献、民间传说、艺术作品等。通过对这些资源的系统整理和深入研究，揭示其背后的文化意蕴和历史传承，为丰富文化内涵提供坚实的基础；融合现代元素，在保持传统文化精髓的基础上，融入现代元素，使传统文化更加贴近现代生活。例如，将传统艺术与现代设计相结合，创作出具有时代特色的文化产品；将传统节日与现代庆祝方式相结合，增强节日的吸引力和感染力；拓展文化领域，拓展传统文化的应用领域，将其与教育、科技、旅游等多个领域相结合。通过开设传统文化课程、举办文化展览、开发文化旅游资源等方式，让更多的人了解、体验、传承中华优秀传统文化。

3. 实践案例

利用现代信息技术手段，对传统文化进行数字化呈现。例如，通过虚拟现实技术重现古代历史场景，让观众身临其境地感受传统文化的魅力；通过数字化平台展示传统文化作品，让更多的人能够便捷地接触和了解传统文化。

开发具有传统文化元素的文化创意产品。这些产品不仅具有实用性和美观性，还能够传递传统文化的价值观和审美理念。通过推广这些产品，可以让更多的人在日常生活中感受到传统文化的魅力。

举办文化交流活动，邀请国内外的文化艺术家、学者等参与。通过演出、展览、讲座等形式，展示中华优秀传统文化的独特魅力，增进不同文化之间的了解和友谊。同时，也可以通过这些活动收集反馈意见，不断完善和创新传统文化的传承方式。

（三）开放包容与借鉴外来文化

1. 开放包容的文化态度

兼收并蓄的传统，中华文化自古以来就具有开放包容的传统，能够吸纳不同文化的精华，丰富自身的内涵。这种传统在历史上的多个时期都得到了体现，如两汉时期的神学、魏晋时期的玄学、隋唐时期的佛学以及宋明时期的理学等，都是中华文化在开放包容中吸收外来文化元素而形成的文化高峰。

文化自信与包容，在当今全球化背景下，中华文化更应保持开放包容的态度，以文化自信为基石，积极吸纳外来文化的优秀元素。这种包容性不仅体现在对不同文化形式的接纳上，更体现在对不同文化观念和价值体系的尊重和理解上。

2. 借鉴外来文化的具体策略

文化交流与合作。加强与其他国家和地区的文化交流与合作，通过举办文化交流活动、展览、演出等形式，增进彼此之间的了解和友谊。同时，积极引进外来文化的优秀成果，为中华文化的传承创新提供新的灵感和动力。

文化融合与创新。在借鉴外来文化的过程中，注重文化的融合与创新。通过挖掘中华文化与外来文化的共通点和互补性，创造出具有独特魅力和时代价值的新文化形态。这种融合与创新不仅有助于丰富中华文化的内涵，还能提升中华文化的国际竞争力。

文化产业发展。借助外来文化的优秀元素和先进经验，推动中华文化产业的发展。通过引进先进的文化产业技术和管理模式，提升中华文化产业的整体水平。同时，注重培育具有自主知识产权的文化品牌和产品，提高中华文化的国际知名度和美誉度。

3. 实践案例与成效

文化节庆活动。举办以中华优秀传统文化为主题的文化节庆活动，如春节、中秋节等传统节日的庆祝活动。在活动中融入外来文化元素，如国际美食节、国际音乐节等，吸引更多国际友人的参与和关注。这些活动不仅增进了中外文化的交流与融合，还提升了中华文化的国际影响力。

文化产业项目。引进外来资本和技术，推动中华文化产业项目的建设和发展。如与国际知名文化企业合作，共同开发具有中华文化特色的文化产品和服务。这些项目不仅促进了中华文化的传承创新，还带动了相关产业的发展和就业。

学术研究与合作。加强与国际学术界的合作与交流，共同开展中华优秀传统文化的学术研究。通过举办国际学术会议、合作研究项目等形式，汇聚全球智慧资源，为中华文化的传承创新提供理论支持和实践指导。

（四）科技赋能与现代传播

1.科技赋能

数字化保护与修复。利用大数据、云计算、人工智能等前沿技术，对传统文化遗产进行数字化保护和修复。通过高精度扫描、3D建模、虚拟现实等技术手段，将文化遗产转化为数字资产，实现永久保存和便捷传播。例如，数字故宫、数字敦煌等项目，利用数字技术将古代建筑、壁画等文化遗产以数字化形式呈现给公众，既保护了原物又丰富了传播方式。

数字化展示与体验。通过虚拟现实（VR）、增强现实（AR）等技术，为公众提供沉浸式的文化体验。观众可以在虚拟空间中自由探索古代遗址、博物馆等文化场所，感受历史文化的魅力。这种数字化展示方式不仅打破了时间和空间的限制，还极大地提升了观众的参与感和互动性。

智能化管理与服务。借助人工智能技术，实现文化资源的智能化管理和服务。通过智能识别、智能推荐等技术手段，为公众提供更加个性化、精准化的文化服务。同时，智能化管理还可以提高文化资源的利用效率和管理水平，促进文化产业的可持续发展。

2.现代传播

新媒体平台传播。利用社交媒体、短视频、直播等新媒体平台，制作和传播中华优秀传统文化的相关内容。这些平台具有广泛的传播渠道和较高的用户黏性，可以迅速将传统文化内容传递给更广泛的受众群体。通过制作有趣、有价值的文化内容，吸引年轻人的关注和参与，激发他们的文化认同感和自豪感。

数字化产品推广。开发具有传统文化元素的数字化产品，如数字书籍、数字影视剧、数字音乐等。这些产品不仅丰富了传统文化的表现形式和传播渠道，还满足了现代人对便捷、高效的文化消费需求。通过数字化产品的推广和销售，可以进一步推动传统文化的商业化运作和产业化发展。

国际传播与交流。利用国际互联网和跨国传播平台，将中华优秀传统文化推向世界舞台。通过参与国际文化交流活动、举办海外文化展览等方式，加强与世界各国之间的文化交流与合作。同时，利用多语种翻译和跨文化传播策略，打破语言和文化障碍，让更多人了解和喜爱中华优秀传统文化。

3. 案例与成效

数字故宫项目。故宫博物院通过数字化手段对故宫文化遗产进行了全面保护和展示。观众可以通过官方网站、手机 APP 等渠道访问数字故宫平台，欣赏到故宫的建筑、文物等珍贵资源。同时，故宫还推出了"我在故宫修文物"等数字化产品，让观众深入了解文物的修复过程和背后的历史文化故事。

河南广播电视台的《唐宫夜宴》节目依托博物馆文化和 5G+VR 技术，将传统文化与现代科技相结合。节目中的唐宫小姐姐形象栩栩如生，通过虚拟场景和互动体验让观众仿佛置身于唐朝宫廷之中。这一节目不仅在国内引起了广泛关注，还在国际上获得了高度评价。

（五）教育与普及

1. 教育融入课程体系

经典诵读与课程设置。将《经典诵读》纳入学校课程计划，根据不同年龄段学生的特点设置相应的诵读内容。例如，幼儿园学习《弟子规》，小学低年级学习《三字经》《千字文》，高年级则逐渐过渡到《孝经》《大学》等经典著作。这种循序渐进的课程设置有助于学生逐步深入了解中华优秀传统文化的精髓。在地方课程中开设课外阅读指导课，强化阅读效能，确保学生有足够的时间和机会接触和学习传统文化。

学科教学渗透。在语文、历史、美术、音乐等学科教学中融入传统文化元素，通过讲解、分析、讨论等方式加深学生对传统文化的理解和认识。例如，在语文课上讲解古诗词的创作背景、意境和表现手法；在历史课上讲述古代历史事件和人物故事，分析其背后的文化价值。

2. 开展丰富多样的教育活动

主题活动与社会实践。组织开展丰富多彩的主题教育活动，如传统文化节、书法比赛、国画展览、戏曲表演等，让学生在参与中感受传统文化的魅力。同时，鼓励学生参与社会实践，如参观博物馆、文化遗址等，亲身体验传统文化的历史底蕴和现实意义。

传统文化体验课程。开设书法、国画、围棋、茶艺等传统文化体验课程，让学生在动手实践中学习传统文化技能，感受传统文化的独特韵味。这些课程不仅可以提高学生的文化素养，还能培养他们的审美能力和创新精神。

3. 利用新媒介进行传播

数字化教育平台。创建中华优秀传统文化网络教育平台，分级开发符合中小学生年龄特征和认知水平的课程资源。这些资源应具有趣味性、多样性，避免空洞乏味的说教。通过数字化教育平台，学生可以随时随地学习传统文化知识，提高学习效果和兴趣。

社交媒体与短视频。利用社交媒体和短视频平台传播传统文化知识。制作精美的短视频、图文内容等，以生动有趣的方式展示传统文化的魅力和价值。同时，鼓励学生利用社交媒体分享自己的学习心得和体验，形成良好的互动和交流氛围。

4. 家庭、学校与社会协同教育

家庭教育。家庭教育在传统文化传承中起着重要作用。家长应积极参与孩子的传统文化教育，通过言传身教的方式引导孩子了解和学习传统文化。例如，家长可以与孩子一起阅读经典著作、观看传统文化节目、参与传统文化活动等。

社会教育。社会各界应积极参与传统文化的传承与创新工作。博物馆、文化遗址等场所应免费或优惠向公众开放，提供优质的传统文化教育资源和服务。同时，政府和社会组织应加大对传统文化教育的投入和支持力度，推动传统文化的普及和发展。

（六）构建文化产业体系

1. 明确文化产业体系的发展方向

在构建文化产业体系的过程中，首先需要明确其发展方向。这包括确定文化产业发展的重点领域、优先任务和战略目标。具体而言，应紧密结合中华优秀传统文化的特色和优势，推动文化产业与文化事业、科技创新、数字经济等领域的深度融合，形成具有中国特色的文化产业体系。

2. 优化文化产业布局

区域协同发展，推动文化产业在不同区域的协同发展，形成优势互补、资源共享的文化产业发展格局。鼓励东部地区发挥资源优势，率先发展文化创意、数字文化等高端文化产业；支持中西部地区挖掘地方文化资源，发展特色文化产业；产业集群建设，依托文化资源富集区、文化产业园区和基地，建设一批文化产业集群。通过集群效应，提升文化产业的规模化、集约化、专业化水平，增强文化产业的竞争力。

3. 培育文化产业市场主体

支持文化企业发展，加大对文化企业的扶持力度，支持文化企业做大做强。鼓励文化企业创新经营模式，拓展产业链条，提升产品质量和服务水平；培育新兴文化业态，鼓励和支持文化科技创新，培育基于互联网、大数据、人工智能等新兴技术的文化业态。推动传统文化产业与新技术、新业态的融合发展，形成新的文化产业发展增长点。

4. 加强文化产业人才培养

完善人才培养体系，构建多层次、多渠道的文化产业人才培养体系。加强高等教育、职业教育与文化产业发展的对接，培养一批懂文化、会经营、善管理的复合型人才；引进海外高端人才，加大对海外高端文化人才的引进力度，吸引具有国际视野和丰富经验的文化产业人才来华工作。通过人才引进，提升我国文化产业的整体水平。

5. 促进文化产业国际交流与合作

加强国际文化贸易，推动中华优秀传统文化产品和服务的出口，提升我国文化产业的国际竞争力。支持文化企业参加国际展览、演出、出版等活动，拓展海外市场；深化国际文化交流，加强与世界各国之间的文化交流与合作，举办高水平的国际文化交流活动。通过文化交流，增进各国人民之间的了解和友谊，推动中华优秀传统文化的国际传播。

6.完善文化产业政策保障体系

制定和完善促进文化产业发展的政策法规体系，为文化产业的发展提供有力的制度保障。加强文化产业的法律法规建设，规范市场秩序，保护知识产权；加大对文化产业的财政金融支持力度，通过设立专项资金、提供贷款贴息等方式，支持文化产业的发展。同时，鼓励社会资本投资文化产业，形成多元化的投融资体系。

第三章　中华优秀传统文化创新的探索与实践

　　本章聚焦于中华优秀传统文化在当代社会中的创新路径与实践成果，从理念、内容和形式三个维度展开深入探讨。主要探讨如何在传承中华优秀传统文化的基础上，实现传统理念与现代观念的有机融合。它分析了传统文化价值观在现代社会中的适应性，以及如何通过创新性的思维方式和文化视角，使传统文化在保持其精髓的同时，又能与现代社会的发展需求相契合。这种理念创新不仅是对传统文化的尊重与传承，更是对现代文明发展的积极响应和贡献；关注中华优秀传统文化在内容层面的创新，特别是多元文化背景下的融合与表达。随着全球化的加速和信息技术的发展，不同文化之间的交流日益频繁，这为中华文化的创新发展提供了丰富的资源和广阔的舞台。通过具体案例，展示了中华文化如何吸收借鉴其他文化的有益元素，同时保持自身独特性和魅力，创造出具有时代特色和广泛影响力的文化内容；另外，聚焦于中华优秀传统文化在传播形式上的创新，特别是数字技术和新媒体的广泛应用。随着互联网、大数据、人工智能等技术的飞速发展，文化传播的方式和手段发生了深刻变革，如何利用这些先进技术，创新文化传播的形式和渠道，使中华文化以更加生动、便捷、高效的方式呈现给公众。关注新媒体环境下文化传播的新特点和新趋势，为中华文化的创新发展提供了技术支撑和策略指导。

第一节 理念创新

一、传统文化价值的现代诠释

（一）文化传承与价值认同

传统文化是中华民族历经数千年积淀下来的宝贵财富，它承载着民族的记忆、智慧和情感。在现代社会，传统文化的传承不仅仅是对过去的回顾，更是对当下及未来的价值认同与塑造。通过传承传统文化，人们能够增强民族自豪感和文化自信心，形成共同的价值观念和行为规范。

1. 文化传承

文化传承是指将传统文化中的精髓、价值观念、道德规范、艺术成就等通过教育、社会实践、艺术创作等多种方式传递给后代，使其得以延续和发展。在现代社会，文化传承具有以下几个重要特点：

（1）历史性与时代性的结合

传统文化是历史长期积淀的结果，蕴含着丰富的历史信息和智慧。在传承过程中，需要尊重历史，保持其原有的精髓和特色；要结合时代特点，对传统文化进行创造性转化和创新性发展，使其适应现代社会的发展需求。

（2）多元性与包容性的统一

传统文化具有多元性，包括不同地域、不同民族、不同历史时期的多种文化形态。在传承过程中，需要尊重这种多元性，保持文化的多样性和丰富性；要具有包容性，吸收其他文化的优秀元素，促进文化的交流与融合。

（3）教育与实践的并重

教育是文化传承的重要途径。通过学校教育、家庭教育、社会教育等多种方式，将传统文化知识传授给年轻一代；要注重实践，通过参与文化活动、体验传统文化等方式，加深对传统文化的理解和认同。

2. 价值认同

价值认同是指个体或群体对某种价值观念、道德规范、文化传统的接受和认可，并将其作为自己行为准则的过程。在传统文化价值的现代诠释中，价值认同具有以下几个重要方面：

（1）核心价值观的引领

社会主义核心价值观是当代中国社会的核心价值观念，它汲取了中华优秀传统文化的精髓，并赋予了新的时代内涵。通过弘扬社会主义核心价值观，可以引导人们树立正确的世界观、人生观和价值观，增强对传统文化的认同感和归属感。

（2）民族精神的传承

传统文化是民族精神的重要载体。通过传承传统文化，可以弘扬民族精神，增强民族凝聚力和向心力。民族精神是民族认同的重要基础，只有认同自己的民族精神，才能形成强烈的民族认同感和自豪感。

（3）文化自信的树立

文化自信是一个国家、一个民族发展中更基本、更深沉、更持久的力量。通过传承和弘扬传统文化，可以树立文化自信，增强对中华文化的认同感和自豪感。文化自信不仅是对自身文化的肯定，也是对其他文化的尊重和学习。在全球化背景下，文化自信有助于推动文化的交流与互鉴，促进世界文化的多样性发展。

（4）社会和谐的促进

传统文化中蕴含着丰富的和谐思想，如"和为贵""天人合一"等。通过传承这些思想，可以促进社会和谐稳定。在现代社会中，面对各种社会矛盾和冲突，需要运用传统文化的智慧来化解矛盾、促进和谐。同时，也需要通过教育和实践等方式，培养人们的和谐意识和能力。

（二）社会主义核心价值观的基石

社会主义核心价值观与中华优秀传统文化紧密相连，后者为前者提供了深厚的文化底蕴和历史支撑。培育和弘扬社会主义核心价值观必须立足中华优秀传统文化。

1. 历史根基与文化底蕴

社会主义核心价值观根植于中华优秀传统文化之中，这一文化底蕴深厚且历史悠久。中华优秀传统文化是中华民族的独特精神标识，它包含了丰富的道德观念、哲学思想、社会规范等，为社会主义核心价值观提供了丰富的思想资源和历史依据。例如，儒家思想中的"仁爱""诚信""礼义廉耻"等观念，都是社会主义核心价值观中"爱国、敬业、诚信、友善"等个人层面价值准则的重要来源。

2. 道德伦理与价值导向

社会主义核心价值观在道德伦理层面强调个人品德修养和社会公德建设，这与中华优秀传统文化的道德伦理观念高度契合。中华优秀传统文化历来重视道德教化，强调"修身、齐家、治国、平天下"的个人成长路径和社会责任担当。社会主义核心价值观通过提炼和升华这些传统道德观念，形成了具有鲜明时代特色的价值导向，引导人们树立正确的道德观念和行为规范。

3. 国家认同与民族精神

社会主义核心价值观在国家层面强调"富强、民主、文明、和谐"，这些价值理念与中华优秀传统文化中的国家观念和民族精神紧密相连。中华优秀传统文化中蕴含着强烈的国家意识和民族情怀，如"天下兴亡，匹夫有责"的爱国情怀，"自强不息，厚德载物"的奋斗精神等。社会主义核心价值观通过弘扬这些传统精神，增强了人们的国家认同感和民族自豪感，为国家的繁荣发展和民族的伟大复兴提供了强大的精神动力。

4. 社会和谐与人际关系

社会主义核心价值观在社会层面倡导"自由、平等、公正、法治"，这些价值理念与中华优秀传统文化中的和谐思想和社会规范相呼应。中华优秀传统文化强调"和为贵"，注重人际关系的和谐与社会的稳定。社会主义核心价值观通过吸收和借鉴这些传统思想，形成了具有现代意义的社会治理理念和价值导向，促进了社会的和谐稳定与公平正义。

5. 实践应用与时代发展

社会主义核心价值观的基石作用还体现在其实践应用和时代发展上。中华优秀传统文化不仅是历史的积淀和传承，更是现实生活的指导和引领。社会主义核心价值观通过结合时代特点和社会需求，将传统文化中的优秀元素与现代社会的价值观念相结合，形成了具有鲜明时代特色的价值体系。这一价值体系在实践中不断得到验证和完善，为推动社会进步和文明发展提供了有力的支撑。

（三）社会治理与民生福祉

传统文化中的"民本"思想对于现代社会治理具有重要启示意义。它强调以人民为中心，将人民利益放在首位，这与现代社会治理理念不谋而合。在推动经济社会发展的过程中，必须始终关注民生福祉，努力实现人民对美好生活的向往。同时，传统文化中的"天人合一"思想也为生态治理提供了智慧启迪，强调人与自然和谐共生，推动生态文明建设迈上新台阶。

1. 社会治理理念的传承与创新

（1）民本思想的传承

传统文化中，"民惟邦本，本固邦宁"的思想深入人心。这一思想强调人民是国家的基础，只有基础稳固，国家才能安宁。在现代社会治理中，这一理念被进一步发扬光大，体现为以人民为中心的发展思想，即把人民对美好生活的向往作为奋斗目标。

（2）和谐社会的构建

传统文化倡导"和为贵"，追求社会的和谐稳定。在现代社会治理中，这一思想被转化为构建社会主义和谐社会的实践，强调人与人、人与社会、人与自然之间的和谐共生。

（3）法治精神的弘扬

传统文化中虽未直接提出"法治"概念，但"礼法合治"等思想蕴含了法治精神。现代社会治理中，法治成为基本方式，强调依法治国、依法执政、依法行政共同推进，法治国家、法治政府、法治社会一体建设。

2. 民生福祉的保障与提升

（1）以人民为中心的发展思想

在经济社会发展中，始终坚持把人民放在心中最高位置，把改善民生作为工作的出发点和落脚点。通过实施一系列惠民政策，如脱贫攻坚、教育医疗改革、社会保障体系建设等，不断提高人民的生活水平和幸福感。

（2）共同富裕的追求

传统文化中"大同社会"的理想与现代社会追求的共同富裕目标相契合。现代社会治理中，强调通过高质量发展促进共同富裕，努力缩小城乡、区域、行业收入分配差距，让发展成果更多更公平惠及全体人民。

（3）生态环境保护

传统文化中的"天人合一"思想强调人与自然的和谐共生。在现代社会治理中，这一思想被转化为生态文明建设的实践，强调绿水青山就是金山银山，推动形成人与自然和谐共生的新发展格局。

3. 社会治理与民生福祉的关系

（1）社会治理为民生福祉提供保障

良好的社会治理环境是民生福祉的重要保障。通过加强社会治理创新，提高社会治理效能，可以有效维护社会稳定和公平正义，为人民群众创造更加安全、和谐、有序的生活环境。

（2）民生福祉的提升促进社会治理的优化

民生福祉的提升可以增强人民群众的获得感、幸福感和安全感，进而促进人民群众对社会治理的认同和支持。这种认同和支持是推动社会治理不断优化的重要动力源泉。

（四）文化创新与国际化传播

传统文化价值的现代诠释还体现在文化创新与国际化传播方面。通过对传统文化的深入挖掘和整理，可以将其中的优秀元素与现代审美和技术相结合，创造出具有时代特色的文化产品。同时，加强传统文化的国际化传播和交流合作，让世界更加了解中国、了解中华优秀传统文化，增强中华文化的国际影响力和感召力。

1. 文化创新

（1）融合现代元素

在保留传统文化精髓的基础上，融入现代元素和时代精神，使传统文化焕发新的生机与活力。例如，将传统戏曲与现代科技结合，通过虚拟现实（VR）、增强现实（AR）等技术手段，让观众以全新的方式体验传统戏曲的魅力。

（2）创新传播方式

利用新媒体和互联网技术，拓展传统文化的传播渠道和形式。通过短视频、直播、社交媒体等平台，以更加生动、直观、便捷的方式传播传统文化，吸引更多年轻人的关注和参与。

（3）鼓励跨界合作

推动传统文化与其他领域的跨界合作，如与时尚、设计、旅游等行业结合，创造出具有传统文化元素的新产品、新服务。这种跨界合作不仅有助于传统文化的传承与创新，还能促进相关产业的发展。

（4）加强理论研究与人才培养

深入挖掘传统文化的内涵和价值，加强理论研究，为文化创新提供理论支撑。同时，注重培养具备传统文化素养和现代创新能力的人才，为文化创新提供人才保障。

2. 国际化传播

（1）构建多元传播体系

针对不同国家和地区的文化特点和受众需求，构建多元化的传播体系。通过官方渠道、民间组织、文化交流项目等多种方式，推动传统文化的国际化传播。

（2）举办文化节庆活动

举办以传统文化为主题的文化节庆活动，如国际文化节、传统艺术展览等，展示传统文化的独特魅力和丰富内涵。这些活动不仅能够吸引海外观众的关注和参与，还能促进不同文化之间的交流与互鉴。

（3）加强国际交流与合作

与其他国家和地区加强化领域的交流与合作，共同举办文化交流活动、学术研讨会等，推动传统文化的国际传播与交流。通过与国际知名文化机构、高校等建立合作关系，共同开展传统文化的研究与传播工作。

（4）运用新媒体技术

利用新媒体技术，如社交媒体、短视频平台等，拓宽传统文化的国际传播渠道。通过制作多语种的文化传播内容，让海外受众更加便捷地了解和学习传统文化。

（5）推动文化产品"走出去"

鼓励和支持文化企业开发具有传统文化特色的文化产品，并推动这些产品走向国际市场。通过文化产品的国际化传播，让海外受众在消费过程中感受传统文化的魅力和价值。

（五）个人修养与道德建设

传统文化在个人修养和道德建设方面也发挥着重要作用。它强调人的内在修养和道德品质的培养，提倡"修身齐家治国平天下"的理想人格。在现代社会，个人修养和道德建设仍然是社会文明进步的重要标志。通过学习和传承传统文化中的美德观念和行为规范，可以提升个人的道德素质和社会责任感，为构建和谐社会贡献力量。

1. 个人修养的内涵

传统文化首先强调用博大的胸怀和宽厚的态度对待一切，即"厚德载物"。这种精神鼓励人们在日常生活中保持宽容、理解和包容，以宽广的胸襟去接纳不同的事物和观点。通过提高自身道德修养，不断完善自我，实现人生价值。儒家思想提出的"修身、齐家、治国、平天下"，明确指出了个人道德修养的重要性及其对于家庭、国家和社会的影响。《大学》中提出"大学之道，在明明德，在亲民，在止于至善"，强调通过道德教育使民众的思想行为达到"至善"的理想境界。这种追求至善的精神激励着人们不断追求道德上的完善和自我超越。

2. 道德建设的实践路径

（1）弘扬传统美德

中华优秀传统文化蕴含着丰富的传统美德，如仁爱、诚信、正义、和合等。这些美德不仅是个人道德修养的重要内容，也是社会道德建设的基石。通过弘扬这些传统美德，可以引导人们树立正确的道德观念和行为规范。

（2）加强道德教育

道德教育是培养个人道德修养的重要途径。通过家庭、学校、社会等多方面的教育引导，使人们在日常生活中接受到正确的道德观念和价值观的熏陶。同时，要注重培养人们的道德判断能力和道德实践能力，使他们能够在实践中自觉践行道德规范。

（3）倡导良好道德风尚

良好的道德风尚是社会文明进步的重要标志。通过倡导尊老爱幼、诚实守信、勤俭节约等良好道德风尚，可以营造积极向上的社会氛围，推动社会道德水平的整体提升。同时，要注重发挥先进典型的示范引领作用，通过表彰和宣传道德模范的先进事迹和崇高精神，激励更多的人积极投身道德建设事业。

3. 个人修养与道德建设的现代意义

（1）提升个人素质

加强个人修养和道德建设有助于提升个人的思想素质、道德素质和心理素质。一个具备高尚道德情操和良好道德修养的人，能够更好地应对生活中的各种挑战和困难，实现自我价值和人生追求。

（2）促进社会和谐

个人修养和道德建设是社会和谐稳定的重要基石。一个道德水平高、文明程度高的社会必然是一个和谐稳定的社会。通过加强个人修养和道德建设可以推动社会风气的不断好转和社会文明程度的不断提升。

（3）推动国家发展

个人修养和道德建设对于国家的发展也具有重要意义。一个拥有众多具备高尚道德情操和良好道德修养的公民的国家必然是一个具有强大凝聚力和向心力的国家。这样的国家能够在国际竞争中立于不败之地并实现持续稳定的发展。

二、传统文化与现代生活方式的融合

（一）节日文化的融合

传统节日是传统文化的重要组成部分，通过与现代元素的结合，传统节日的庆祝方式更加丰富多彩。例如，春节期间的春节联欢晚会、中秋节的赏月活动，以及端午节的龙舟竞渡和粽子制作等，都融入了现代科技、艺术和文化元素，使得传统节日更具时代感和吸引力。这些活动不仅弘扬了传统文化，也让现代人在欢乐的节日氛围中感受到传统文化的魅力。

（二）艺术形式的融合

传统艺术形式如书法、国画、戏曲等，通过现代艺术手段进行创新和传播。书法与现代设计的结合，创作出具有现代感的书法作品；国画则运用现代材料和技法，展现出新的艺术风貌。此外，传统戏曲与现代音乐、舞蹈元素的融合，打造出独具特色的艺术表演，如京剧与现代交响乐的结合，既保留了传统戏曲的韵味，又增添了现代音乐的元素，深受观众喜爱。

（三）生活方式的融合

在现代生活中，我们可以借鉴传统文化的智慧和理念来指导我们的生活方式。儒家思想中的"仁爱""诚信"等观念，道家思想中的"天人合一""无为而治"等理念，都为现代人的生活提供了有益的启示。同时，传统手工艺品也融入现代家居装饰中，如中式家具、茶具、摆件等，使现代生活更具文化气息和艺术感。

（四）城市建设的融合

在城市化进程中，许多城市注重将传统文化元素融入城市建设中。例如，西安的大唐不夜城唐文化街区，通过仿唐式建筑、街巷样式、色彩和彩绘等元素的运用，再现了盛唐时期的繁华景象。北京、上海等城市也通过明清风格的市井再现、民国情调的街区打造等方式，将传统文化元素融入城市建设中，使城市更具历史底蕴和文化特色。

（五）文化创意产品的融合

随着文化创意产业的兴起，传统文化元素被广泛应用于文化创意产品的设计中。例如，故宫博物院的文创产品系列，将传统文物元素与现代设计相结合，开发出了一系列既具有文化内涵又实用美观的文创产品。这些产品不仅受到国内消费者的喜爱，也赢得了国际市场的认可。

（六）科技手段的融合

现代科技手段为传统文化的传播和创新提供了有力支持。通过数字化、网络化、智能化等技术的运用，传统文化资源得以更好地保存、展示和传播。例如，数字化博物馆、在线展览、虚拟现实体验等技术的应用，让观众可以随时随地欣赏到传统文化艺术的魅力。

第二节 内容创新

一、跨文化交流中的文化创新

（一）文化创新的背景与意义

1. 文化创新的背景

（1）全球化进程的加速

随着全球化的深入发展，各国之间的经济、政治、文化等领域的交流日益频繁。这种全球化的趋势使得不同文化之间的碰撞、交流和融合成为可能，也为文化创新提供了广阔的空间和舞台。

（2）科技进步的推动

现代科技的飞速发展，尤其是互联网、人工智能、大数据等技术的广泛应用，极大地改变了文化传播和交流的方式。这些技术不仅缩短了文化传播的距离，还使得文化创新更加便捷和高效。通过科技手段，不同文化之间的元素可以更容易地被提取、融合和再创造。

（3）文化多样性的需求

随着社会的进步和人们生活水平的提高，人们对于文化产品的需求也日益多样化。传统的文化表达方式和内容已经难以满足现代人的审美和需求。因此，文化创新成了满足人们多样化文化需求的重要途径。

2. 文化创新的意义

（1）促进文化交流与理解

文化创新有助于打破文化隔阂，促进不同文化之间的交流与理解。通过创新的文化产品和表达方式，人们可以更加直观地感受到不同文化的独特魅力和价值，从而增进对不同文化的认同和尊重。这种交流与理解有助于建立更加和谐、包容的国际关系。

（2）推动文化产业发展

文化创新是文化产业发展的重要动力。新颖独特的文化产品能够吸引更多的消费者关注和支持，从而推动文化产业的繁荣和发展。在全球化的背景下，文化产业已经成为许多国家和地区的重要经济支柱之一。因此，文化创新对于促进经济发展具有重要意义。

（3）增进文化自信与认同

文化创新有助于增进文化自信与认同。通过挖掘和传承本民族的文化传统，结合现代元素进行再创造，可以形成具有鲜明民族特色和时代特征的文化产品。这些产品不仅能够满足人们的文化需求，还能够增强人们对本民族文化的认同感和自豪感。

（4）促进社会进步与发展

文化创新是社会进步与发展的重要推动力量。通过文化创新，可以激发人们的创造力和想象力，推动科技进步和产业升级。同时，文化创新还能够丰富人们的精神生活，提高人们的文化素养和审美水平，为社会的全面进步和发展提供有力支持。

（二）文化创新的表现形式

1. 融合创新

融合创新是文化创新中最直观的表现形式之一。它指的是不同文化元素在交流过程中相互融合，形成新的文化形态和表达方式。这种融合不仅限于艺术领域，还广泛存在于文学、音乐、舞蹈、电影等多个方面。例如，在国际电影节上，来自不同国家的电影作品可能融合了多种文化元素，通过独特的叙事手法和视觉表现，展现出跨文化交流的魅力。这种融合创新不仅丰富了文化产品的内涵，也拓宽了受众的视野，促进了文化的多样性和包容性。

2. 转化创新

转化创新是另一种重要的文化创新形式。它指的是将一种文化元素或表现形式转化为另一种形式，以适应不同文化背景下的受众需求。这种转化可以是技术层面的，也可以是内容层面的。例如，在数字化时代，许多传统文化遗产通过数字化技术得到了保护和传承，同时也被转化为新的文化产品，如数字博物馆、虚拟现实体验等。这些创新形式不仅让传统文化焕发了新的生机，也让更多人能够便捷地接触和了解这些宝贵的文化遗产。

3. 技术驱动创新

技术驱动创新是跨文化交流中文化创新的重要推动力。随着科技的飞速发展，尤其是互联网、人工智能、大数据等技术的广泛应用，文化创新的方式和手段也在不断更新。这些技术为文化创新提供了更多的可能性和空间。例如，虚拟现实技术可以创造出沉浸式的文化体验，让观众仿佛置身于不同的文化环境中；人工智能技术则可以根据用户的喜好和需求，智能推荐相关的文化产品和服务。这些技术驱动的创新不仅提升了文化产品的质量和用户体验，也促进了文化的传播和交流。

4. 内容创新

内容创新是文化创新的核心所在。它指的是在保持文化本质的基础上，对文化内容进行创新性的挖掘和呈现。这种创新可以体现在文化产品的主题、情节、人物塑造等多个方面。例如，在文学创作中，作家可以通过独特的视角和笔触，展现不同文化背景下的社会现实和人性光辉；在艺术创作中，艺术家则可以运用新颖的材料和技法，创造出具有时代感和感染力的艺术作品。这些内容创新不仅丰富了文化产品的内涵和表现形式，也提升了其艺术价值和审美价值。

5. 形式创新

形式创新是文化创新的另一重要方面。它指的是在保持文化内容不变的前提下，对文化产品的呈现形式进行创新性的设计和改造。这种创新可以体现在文化产品的包装、展示、传播等多个环节。例如，在包装设计方面，设计师可以运用现代设计理念和元素，将传统文化元素与现代审美相结合；在展示方面，则可以借助多媒体技术和互动装置等手段，打造出身临其境的观展体验；在传播方面，则可以利用社交媒体和短视频等新兴平台，扩大文化产品的传播范围和影响力。这些形式创新不仅提升了文化产品的吸引力和竞争力，也促进了文化的传播和交流。

（三）跨文化交流中的文化创新策略

1. 培养文化敏感性和尊重差异

深入了解不同文化，通过教育、研究和实践，深入了解不同文化的历史、传统、价值观、习俗等，形成对多元文化的尊重和包容态度；避免刻板印象和偏见，认识到每个文化都是独特且复杂的，避免将某个文化群体简单化或刻板化，以开放的心态去接纳和理解不同文化。

2. 提升跨文化沟通能力

语言学习，掌握多种语言，尤其是国际通用语言，如英语、中文等，以便更顺畅地进行跨文化交流；非语言沟，注意肢体语言、面部表情、语调等非语言信号的差异，确保信息传递的准确性和有效性；倾听与反馈，在交流中积极倾听对方的观点和想法，给予及时、有效的反馈，建立互信和理解的沟通基础。

3. 推动文化融合与创新

文化元素融合，鼓励不同文化元素在交流过程中的融合与创新，如艺术创作、产品设计等领域的跨文化合作；技术创新应用，利用现代科技手段，如虚拟现实（VR）、增强现实（AR）、社交媒体等，创新文化传播和交流的方式，使文化更加生动、有趣且易于接受；跨文化团队建设，在企业和组织中建立跨文化团队，通过团队成员的多样性和互补性，激发创新思维和解决方案的多样性。

4. 加强文化教育与培训

跨文化教育，在学校和教育机构中开设跨文化交流课程，培养学生的跨文化意识和能力；为企业员工和管理者提供跨文化沟通和管理培训，提升他们在全球化环境中的竞争力；举办各种形式的文化交流活动，如国际文化节、文化展览、艺术表演等，增进人们对不同文化的了解和认识。

5. 建立跨文化合作机制

政府和相关机构应出台政策支持跨文化交流与合作，如提供资金、税收等方面的优惠；建立跨文化交流与合作平台，如国际文化交流中心、跨国企业合作联盟等，为不同文化背景下的个人和组织提供交流与合作的机会；对跨文化交流与合作项目进行持续监测和评估，及时调整和优化策略，确保跨文化交流活动的有效性和可持续性。

二、面向国际的文化产品与服务

（一）文化艺术类产品与服务

1. 文化艺术类产品

（1）商业演出类

包括音乐、舞蹈、戏剧、杂技、戏曲等现场表演艺术。这些产品通常具有高度的艺术性和观赏性，能够直接展示中华文化的精髓和魅力。

（2）商业艺术展览类

涉及绘画、雕塑、书法、摄影等艺术作品展览。通过展览形式向国际观众展示中华艺术的多样性和深度。

（3）艺术品创作及相关服务

包括原创的绘画作品、书法篆刻作品、雕塑雕刻作品、艺术摄影作品、装置艺术作品及有上述作品授权的有限复制品等。强调原创性和艺术价值，是中华文化的重要表现形式。境外市场规模在业界位于前列，国际化程度较高；拥有自主知识产权；产品代表中华文化，具有原创性和较高艺术水平。

（4）工艺美术品创意设计及相关服务

指美化生活用品和生活环境的造型艺术，如具有显著民族特色的工艺品，或属于经过认定的国家级非物质文化遗产。物质生产与文化内涵相结合，以实用物品或装饰用品为载体，同时具有审美性和艺术性。境外市场规模在业界位于前列，国际化程度较高；拥有自主知识产权和自有品牌，工艺不存在知识产权问题；产品体现中华文化特色，具有较高艺术水平；保持较高的研发设计、品牌建设投入，具有持续创新和国际营销能力。

2. 文化艺术类服务

（1）广播电视节目境外落地的集成、播出服务

将中国的广播电视节目集成后，在境外进行播出。通过广播电视这一传统而广泛的传播方式，向国际观众传递中华文化。已实施具有国际影响力的成功案例，在业内具有较高知名度；对树立我国的国际地位及形象具有积极作用；财务状况优良，信誉良好。

（2）文化休闲娱乐服务出口

包括大型文化主题公园建设、大型商业文化活动经营等。提供集文化、娱乐、休闲于一体的综合体验，增强国际游客对中华文化的了解和兴趣。年出口金额在 50 万美元以上；经营活动具有民族特色，健康向上，科技含量高。

（3）创意设计服务

为文化艺术产品提供设计、策划、咨询等服务。通过创意和设计提升文化艺术产品的附加值和市场竞争力。创意设计服务年出口额 50 万美元以上；拥有自主知识产权，体现较高的文化附加值。

（4）节目模式出口

将中国的电视节目模式（如真人秀、综艺节目等）输出到国际市场。通过节目模式的输出，实现文化内容的国际化传播。单个项目年出口金额10 万美元以上；具有原创性，体现中华文化特色；拥有较为成熟的创意研发团队和国际销售网络。

（二）媒体与传播类产品与服务

1. 媒体类产品

（1）影视作品

包括电影、电视剧、纪录片、动画片等。这些作品通过生动的故事情节、丰富的视觉效果和深刻的文化内涵，展现中国的社会变迁、历史文化和人民生活。影视作品具有直观性、感染力和跨文化传播能力，能够跨越语言和文化的障碍，触达全球观众。年出口金额达到一定规模（如 50 万美元以上），拥有成熟的国际销售网络和宣传推广能力，作品在国际上具有一定影响力和认可度。

（2）新闻资讯

包括国内外重大新闻、时事评论、专题报道等。通过新闻报道，向全球传递中国的声音和立场，增进国际社会对中国的了解和认知。新闻资讯具有时效性和权威性，是国际传播中不可或缺的重要组成部分。拥有专业的新闻采编团队和广泛的国际传播渠道，能够提供高质量、多语种的新闻资讯服务。

（3）数字媒体产品

包括电子书、有声书、网络视频、短视频、社交媒体内容等。这些产品利用数字技术和网络平台，以更加便捷、互动的方式传播中国文化。数字媒体产品具有传播速度快、覆盖范围广、互动性强等特点，能够满足不同受众的多元化需求。拥有强大的内容创作和分发能力，能够生产高质量、具有创新性的数字媒体产品，并在国际市场上取得良好业绩。

2. 传播类服务

（1）国际传播渠道建设

包括建立海外分支机构、合作媒体、社交媒体账号等，构建多元化的国际传播网络。通过自建和合作相结合的方式，拓展国际传播渠道，提高中国文化的国际传播力和影响力。拥有完善的国际传播网络，能够覆盖多个国家和地区，具备强大的内容生产和分发能力。

（2）文化传播活动策划与执行

包括举办文化节、艺术展览、文化交流活动等，通过线下活动和线上宣传相结合的方式，推动中国文化的国际传播。这些活动具有高度的参与性和互动性，能够吸引大量国际观众参与，增强他们对中国文化的兴趣和了解。拥有丰富的活动策划和执行经验，能够策划并执行具有创新性、影响力和国际性的文化传播活动。

（3）版权输出与代理服务

包括影视作品、文学作品、音乐作品等版权的国际输出和代理服务。通过版权交易和代理合作，推动中国文化产品的国际销售和市场拓展。版权输出与代理服务是文化产品国际传播的重要途径之一，能够帮助中国文化产品更好地进入国际市场。拥有专业的版权运营团队和广泛的国际合作伙伴，能够提供高效、专业的版权输出与代理服务。

（三）教育类产品与服务

1. 教育类产品

（1）语言教育产品

主要包括中文教材、教辅资料、语言学习软件、在线课程等。这些产品旨在帮助国际学生掌握中文，了解中国文化。内容丰富多样，既有传统的纸质教材，也有现代化的数字产品，满足不同学习者的需求。拥有自主知识产权，产品符合国际标准，具有市场竞争力，能够持续更新和优化内容。

（2）文化教育产品

涉及中国历史、文学、艺术、哲学等多个领域的教育产品，如文化读本、历史教材、艺术鉴赏课程等。注重文化传承与创新，通过教育产品传播中华文化精髓，增进国际学生对中国文化的理解和认同。产品具有原创性和高质量，能够体现中华文化的独特魅力，同时符合国际学生的学习习惯和需求。

（3）国际教育合作项目

包括中外合作办学项目、国际交流项目、留学服务等。这些项目通过合作与交流，推动教育资源的跨国界流动。注重国际化视野和跨文化交流能力的培养，为学生提供多元化的学习机会和平台。拥有丰富的国际教育合作经验和资源，能够为学生提供高质量的教育服务，同时注重学生的全面发展和成长。

2.教育类服务

（1）在线教育服务

提供在线中文教学、文化课程、职业培训等多种形式的在线教育服务。灵活便捷，不受时间和地域限制，能够满足全球学习者的需求。拥有专业的教师团队和先进的技术平台，能够提供高质量、个性化的在线教育服务。

（2）留学咨询服务

为学生提供留学规划、院校申请、签证办理等全方位的留学咨询服务。专业性强，能够帮助学生顺利实现留学梦想，同时提供后续的支持和服务。拥有丰富的留学资源和经验，能够为学生提供准确、全面的留学信息和建议。

（3）教师培训与交流服务

组织教师参加国际教育培训、交流访问等活动，提升教师的专业素养和国际视野。注重教师的专业成长和国际化发展，推动教育质量的不断提升。拥有广泛的国际合作网络和资源，能够为教师提供高质量的培训和交流机会。

（四）旅游类产品与服务

1. 旅游类产品

（1）特色旅游产品

针对国际游客的特定兴趣和需求，设计并推出的特色旅游产品。这些产品可能包括文化体验游、生态探险游、美食之旅、购物游等。强调文化独特性和体验性，让游客在旅游过程中深入了解当地的文化、历史、风俗等。例如：海南省针对国际游客打造的六大类特色旅游产品，包括高端商务旅游、探亲访友主题旅游、医疗旅游、体育赛事类旅游、文化体验产品和研学旅游产品等。

（2）旅游线路产品

将多个旅游景点、活动和服务项目串联起来，形成完整的旅游线路产品。这些线路可能涉及自然风光、人文景观、休闲娱乐等多个方面。便于游客安排行程，提供一站式服务，满足不同游客的个性化需求。例如：中国的丝绸之路旅游线路、长江三峡旅游线路等。

（3）旅游纪念品与手工艺品

具有地方特色和文化内涵的旅游纪念品和手工艺品，如瓷器、丝绸、刺绣、剪纸等。具有纪念意义和收藏价值，能够传递当地的文化信息，促进文化交流。

2. 旅游类服务

（1）旅游咨询与规划服务

为国际游客提供全面的旅游咨询和个性化的旅游规划服务。这包括旅游目的地的介绍、行程安排、交通方式选择、住宿预订等。提供一站式服务，节省游客的时间和精力，确保旅游行程的顺利进行。

（2）交通与接送服务

为游客提供便捷的交通服务，包括机票预订、火车票预订、租车服务以及机场、车站的接送服务等。确保游客在旅游过程中的交通便利，提高旅游体验。

（3）住宿与餐饮服务

为游客提供多样化的住宿和餐饮服务选择，包括星级酒店、民宿、客栈、特色餐馆等。满足不同游客的住宿和餐饮需求，提供地道的当地美食体验。

（4）导游与翻译服务

提供专业的导游和翻译服务，帮助游客更好地了解当地的文化、历史和风俗。增强游客的旅游体验，促进文化交流与理解。

（5）旅游保险服务

为游客提供旅游保险服务，包括意外险、旅行险等，为游客的旅行提供安全保障。降低游客在旅行过程中的风险，提高旅行的安全性。

（6）支付与金融服务

提供多币种支付、国际信用卡受理、移动支付等金融服务，方便游客在旅游过程中的支付需求。提高支付的便捷性和安全性，提升游客的旅游体验。

第三节 形式创新

一、数字化技术在文化传承中的应用

（一）数字化存储与保护

1. 数字化存储

（1）数据转换与采集

数字化存储的第一步是将各类文化遗产如文档、档案、手稿、艺术品、历史建筑等转化为数字形式。这通常涉及扫描、拍摄、录音、录像等技术手段，以创建文化遗产的数字化副本。例如，故宫博物院已完成90多万件馆藏文物的数字化，超10万件文物的高清影像向社会公布。数字化过程中，还会利用摄影测量、激光扫描等三维采集技术，制作建筑及文物的超高精度三维数据，为后续的数字化展示和保护提供基础。

（2）数据存储与管理

数字化存储需要借助先进的数据存储技术，如云存储、分布式存储等，以确保文化遗产数字信息的长期保存和可靠性。这些技术能够提供冗余性，以应对数据丢失的风险；还需要建立专业的数据库和内容管理系统，对数字化文化遗产进行组织、分类和检索，方便后续的管理和使用。例如，故宫博物院和敦煌研究院已分别建立了"故宫博物院藏品总目"数据库和数字敦煌资源库。

（3）数据整合与共享

数字化存储不仅仅是简单的数据存储，还包括数据的整合和共享。通过构建文化遗产数字资源库，将凌乱的文化信息整合起来，实现数字化、可视化建模，可以全方位、多视角地展现文化遗产的风貌。这些数字资源库不仅面向专业研究人员，也向公众开放，使得更多人能够便捷地了解和学习文化遗产知识。

2. 数字化保护

（1）预防性保护

数字化技术还可以用于文化遗产的预防性保护。通过实时监测文化遗产的状态，如城墙墙体的沉降、位移、裂缝变化以及获取地下水位、温湿度等环境数据，可以及时发现潜在的问题并采取措施进行修复和保护。例如，西安城墙管委会在城墙文物日常监测中，设置了3090个监测点位和1027个监控探头，实时掌握城墙的安全状况。

（2）应急保护

在文化遗产遭受自然灾害或人为破坏时，数字化技术也可以提供应急保护。通过快速获取文化遗产的数字副本，可以在灾后迅速恢复文化遗产的原貌，减少损失。

（3）修复与再现

对于已经受损的文化遗产，数字化技术还可以辅助进行修复和再现。通过数字建模和虚拟现实技术，可以模拟出文化遗产的原貌，为修复工作提供参考。同时，也可以通过数字重建的方式，让公众了解文化遗产的历史和文化价值。

（4）知识产权保护

数字化存储还涉及文化遗产的知识产权保护。通过加密、身份验证、访问控制等技术手段，可以确保文化遗产数字信息的安全性和隐私性，防止未经授权的访问、数据泄露和破坏。

（二）数字化展示与传播

1. 数字化展示

（1）多媒体展示

利用数字技术，将传统文化内容通过图像、音频、视频等多媒体形式进行展示。这种展示方式能够生动直观地呈现传统文化的魅力，使观众获得沉浸式的体验。例如，数字博物馆通过高清图片、3D模型、虚拟现实（VR）等技术，让观众仿佛置身于历史场景之中，近距离观赏文物，感受传统文化的魅力。

（2）虚拟现实（VR）与增强现实（AR）

VR技术能够构建出逼真的虚拟环境，让观众在虚拟空间中自由探索，体验传统文化的魅力。例如，通过VR技术，观众可以"走进"故宫、敦煌等历史文化遗址，感受古代建筑和艺术的辉煌。AR技术则可以在现实世界中叠加虚拟信息，增强观众的感知和体验。例如，通过手机AR应用，观众可以在家中或户外与传统文化元素进行互动，了解更多的历史和文化知识。

（3）数字交互体验

数字化展示还注重与观众的互动体验。通过触摸屏、感应器等设备，观众可以参与到文化内容的展示和解读中，实现与文化遗产的近距离接触和互动。这种互动体验不仅提高了观众的参与度和兴趣，还加深了他们对传统文化的理解和认知。

2. 数字化传播

（1）网络平台传播

数字化技术使得文化传播不再受地域和时间的限制。通过互联网、社交媒体等网络平台，传统文化内容可以迅速传播到全球各地。例如，通过微信公众号、微博、抖音等社交媒体平台，传统文化相关的文章、视频等内容可以轻松分享给更多的人。

（2）在线教育与培训

数字化技术还促进了传统文化的在线教育与培训。通过在线课程、网络直播等形式，观众可以在家中或办公室接受传统文化知识的教育和培训。这种在线教育方式不仅提高了学习的便捷性和灵活性，还使得更多的人有机会接触到传统文化资源。

（3）跨界合作与创新

数字化传播还促进了传统文化的跨界合作与创新。通过与科技、旅游、娱乐等行业的合作，传统文化资源得以以全新的形式呈现给公众。例如，通过与游戏开发商合作，将传统文化元素融入游戏中，使玩家在娱乐中了解和体验传统文化；通过与旅游公司合作，推出传统文化主题的旅游线路和产品，吸引更多的人前来参观和学习。

（4）个性化与定制化传播

数字化技术还使得文化传播更加个性化和定制化。通过分析用户的兴趣和行为数据，可以为用户推荐更符合其喜好的传统文化内容。同时，用户也可以根据自己的需求和兴趣，定制专属的传统文化体验和服务。这种个性化和定制化的传播方式提高了文化传播的针对性和有效性。

（三）数字化创新与融合

1. 数字化创新

（1）技术创新

数字化技术不断创新，为文化传承提供了更多的可能性。大数据、物联网、云计算、人工智能等新技术的发展，使得传统文化的采集、处理、分析和展示都变得更加高效和精准。例如，人工智能技术在文物修复、古文字识别等领域的应用，极大地提高了工作的效率和准确性。

（2）内容创新

数字化技术促进了传统文化内容的创新。通过对传统文化资源的深入挖掘和整理，结合现代审美和创意，可以创作出更多符合当代人需求的文化产品。例如，将传统故事、历史人物等融入动漫、游戏、短视频等新媒体形式中，使传统文化以更加生动、有趣的方式呈现给公众。

（3）模式创新

数字化技术还推动了文化传承模式的创新。通过线上线下相结合的方式，打造沉浸式的文化体验场景，让观众在互动中感受传统文化的魅力。例如，数字博物馆、虚拟现实文化体验馆等新型文化设施的建设，为公众提供了更加便捷、高效的文化学习方式。

2. 数字化融合

（1）与传统产业的融合

数字化技术与传统文化产业的融合，促进了文化产业的转型升级。通过数字化技术，可以实现对传统文化资源的有效整合和利用，推动文化产业向高端化、智能化方向发展。例如，数字化技术在旅游业中的应用，推动了文化旅游产品的创新和发展，为游客提供了更加丰富、多样的旅游体验。

（2）与其他行业的融合

数字化技术还促进了传统文化与其他行业的融合。通过跨界合作，将传统文化元素融入其他行业的产品和服务中，实现了传统文化的多元化传播。例如，将传统文化元素融入时尚设计、家居装饰等领域，推动了传统文化的时尚化和生活化。

（3）国际交流与融合

数字化技术为传统文化的国际交流提供了便利条件。通过互联网和新媒体平台，传统文化可以跨越国界传播到世界各地，促进了不同文化之间的交流和融合。例如，通过举办线上文化节、展览等活动，将中国传统文化介绍给海外观众，增进了他们对中国文化的了解和认同。

3. 案例与实践

故宫博物院：作为数字化创新的典范，故宫博物院利用数字化技术实现了文物的高清展示、虚拟修复和线上展览等功能。通过"数字故宫"平台，观众可以随时随地浏览故宫的珍贵文物和展览信息，感受中华文化的博大精深。

敦煌研究院：敦煌研究院通过数字化技术将敦煌壁画等珍贵文化遗产进行高清扫描和三维建模，建立了数字敦煌资源库。观众可以通过互联网平台在线观赏敦煌壁画的高清图像和三维模型，感受敦煌文化的独特魅力。

（四）数字化教育与传承

1. 数字化教育资源建设

（1）数字化教材与资源库

利用数字技术，将传统文化内容如古籍、经典文献、艺术作品等转化为数字教材，建立丰富的数字化教育资源库。这些资源库不仅包含文字、图片等静态信息，还涵盖音频、视频、三维模型等多媒体内容，为学习者提供多样化的学习材料。例如，故宫博物院、敦煌研究院等文化机构已分别建立了自己的数字化资源库，向公众开放，成为重要的数字化教育资源。

（2）在线课程与平台

开发在线课程，利用网络平台如慕课（MOOC）、学习管理系统（LMS）等，为学习者提供便捷的在线学习渠道。这些课程涵盖传统文化的各个方面，从历史、哲学、文学到艺术、民俗等，满足不同学习者的需求。例如，国内多所高校和文化机构合作，推出了大量关于传统文化的在线课程，吸引了大量学习者的参与。

2. 数字化教育手段创新

（1）虚拟现实（VR）与增强现实（AR）技术

通过 VR 和 AR 技术，可以创建虚拟的文化遗产展示、历史场景重现等教育环境，让学习者身临其境地感受传统文化的魅力。这种沉浸式的学习方式能够极大地提高学习者的兴趣和参与度。例如，利用 VR 技术可以"走进"故宫、敦煌等历史文化遗址，通过 AR 技术可以在家中或户外与传统文化元素进行互动学习。

（2）人工智能（AI）辅助教学

利用 AI 技术，可以实现个性化学习推荐、智能答疑、语音交互等功能，提高教育的针对性和互动性。AI 还可以辅助教师进行教学设计、学习评估等工作，提高教学效率和质量。例如，一些在线教育平台利用 AI 技术分析学习者的学习行为和兴趣偏好，为其推荐个性化的学习资源和学习路径。

3. 数字化教育与传承的实践

（1）数字化教育普及

通过数字化手段，将传统文化教育普及到更广泛的人群中。无论是城市还是农村、学校还是社区，都可以通过互联网和移动设备接入数字化教育资源，实现传统文化的普及教育。例如，一些地区利用数字乡村建设契机，推动传统文化教育进村入户，让农村居民也能享受到优质的传统文化教育资源。

（2）文化传承与创新

数字化教育与传承不仅是对传统文化的简单复制和传播，更是对传统文化的创新和发展。通过数字化手段，可以对传统文化进行深度挖掘和再创造，产生新的文化产品和服务。例如，一些文化企业和创意团队利用数字化技术，将传统文化元素融入现代设计、影视制作、游戏开发等领域，创造出具有传统文化特色的新产品和新服务。

二、新媒体平台上的文化传播与互动

（一）文化传播

1. 文化传播的多样性

（1）多元文化内容

新媒体平台能够承载和传播来自不同地域、不同民族、不同时代的多元文化内容。这些内容包括但不限于艺术、宗教、法律、教育、影视娱乐等多个领域，形成了丰富多样的文化传播生态。

（2）多种表现形式

文化传播在新媒体平台上以多种形式展现，如文字、图片、音频、视频、直播等。这些形式使得文化传播更加生动、直观，能够更好地吸引和满足受众的多元化需求。

2. 文化传播的具体内容

（1）传统文化传承

新媒体平台成为传统文化传承的重要渠道。通过数字化展示、虚拟现实体验、在线课程等方式，新媒体平台将传统文化内容以全新的形式呈现给公众，增强了传统文化的吸引力和传播力。例如，故宫博物院、敦煌研究院等文化机构利用新媒体平台推出了大量关于传统文化的数字化产品和在线课程，受到了广泛关注和好评。

（2）时事热点传播

新媒体平台还承担着传播时事热点的重要任务。通过实时更新、专题报道等方式，新媒体平台将最新的社会事件、政治动态、经济趋势等信息迅速传递给受众，满足了受众对时事信息的需求。

（3）教育知识普及

新媒体平台在文化传播中发挥着教育知识普及的重要作用。通过发布科普文章、教学视频、在线课程等内容，新媒体平台帮助受众获取知识、提升素养，促进了社会的整体进步和发展。

（4）文化创新与融合

新媒体平台还促进了文化的创新与融合。通过跨界合作、内容创新等方式，新媒体平台将传统文化与现代元素相结合，创造出具有时代感和吸引力的文化产品。这些产品不仅丰富了文化传播的内容，也推动了文化的传承与发展。

3. 文化传播的互动性

（1）用户参与与反馈

新媒体平台上的文化传播具有很强的互动性。用户可以通过点赞、评论、转发等方式参与文化传播过程，表达自己的观点和感受。同时，新媒体平台还可以根据用户的反馈和需求调整文化传播的内容和形式，提高文化传播的针对性和有效性。

（2）社群与社群互动

新媒体平台上的文化传播还促进了社群的形成和社群之间的互动。具有共同兴趣和爱好的用户可以在新媒体平台上聚集形成社群，通过交流、分享等方式加深彼此之间的联系和认同。这种社群与社群之间的互动不仅丰富了文化传播的层次和内涵，也推动了文化的多元共生和发展。

（二）互动参与

1. 用户生成内容（UGC）

用户生成内容是新媒体平台上互动参与的重要组成部分。用户通过发布文章、图片、视频、音频等多种形式的内容，参与到文化传播的过程中。这些内容不仅丰富了平台上的内容生态，还促进了文化的多元表达和共享。用户生成的内容往往带有个人特色和情感色彩，能够更好地吸引和感染其他用户，形成良好的互动氛围。

2. 社交互动行为

新媒体平台上的社交互动行为是互动参与的核心。这些行为包括但不限于点赞、评论、转发、分享等。用户可以通过这些行为表达对内容的喜爱、认同或批评，同时与其他用户进行交流和讨论。这种实时的、多向的互动方式极大地提高了用户的参与度和黏性，也使得文化传播更加高效和广泛。

3. 参与式文化活动

新媒体平台还经常举办各种参与式文化活动，如在线竞赛、话题讨论、投票活动等。这些活动鼓励用户积极参与，通过创作、投票、分享等方式表达自己的观点和看法。例如，音乐平台举办的K歌大赛、美食平台上的烹饪挑战等，都吸引了大量用户的参与和关注。这些活动不仅增强了用户的参与感和归属感，还促进了文化的传播和创新。

4. 互动社区与社群

在新媒体平台上，用户可以根据自己的兴趣和需求加入不同的社区和社群。这些社区和社群通常由具有共同兴趣和爱好的用户组成，他们通过平台上的功能进行交流和互动。在社区和社群中，用户可以分享自己的经验和见解，与其他成员共同探讨文化话题，形成独特的文化氛围和社区精神。这种互动方式不仅促进了文化的传播和交流，还增强了用户的归属感和认同感。

5. 个性化推荐与互动

随着人工智能技术的发展，新媒体平台开始利用智能算法为用户提供个性化的内容推荐。这些推荐内容往往基于用户的兴趣和行为数据，能够更准确地满足用户的需求和偏好。同时，平台还通过用户互动数据不断优化推荐算法，提高推荐的准确性和用户满意度。这种个性化的推荐方式不仅提高了用户的互动参与度，还促进了文化的精准传播和深度影响。

6. 线上线下结合

在新媒体平台上，文化传播与互动还经常与线下活动相结合。例如，一些文化品牌或机构会在平台上发布线下活动的信息，并邀请用户参与。这些活动可能是展览、讲座、演出等形式，用户可以通过参与活动更深入地了解文化内涵和魅力。同时，线上平台也为线下活动提供了宣传和推广的渠道，使得文化传播更加全面和深入。

第四章　中华优秀传统文化在日常生活中的应用与影响

　　本章节详细阐述了中华优秀传统文化在日常生活中的应用与广泛影响。在现代设计中，传统文化元素被巧妙融入，为设计作品增添了独特的韵味与深度。无论是传统图案的现代化演绎，还是文化符号的巧妙运用，都使得设计作品在传达现代审美观念的同时，也传递了深厚的文化底蕴。民俗节日与庆典作为文化传承的重要载体，在日常生活中扮演着不可或缺的角色。通过节日庆典的举办，人们不仅能够感受到浓厚的节日氛围，还能在参与中学习和传承中华优秀传统文化。这些活动不仅丰富了人们的文化生活，也促进了社区与家庭的和谐与团结。文化旅游与地方特色发展紧密相连，借助丰富的文化资源，各地纷纷打造独具特色的文化旅游项目，吸引了大量游客前来体验。这些项目不仅展示了中华文化的魅力，也促进了地方经济的繁荣与发展，为文化传承注入了新的活力。文化艺术与日常生活的融合也日益紧密。传统艺术在现代社会得到了新的演绎与发展，成为人们生活中不可或缺的一部分。无论是音乐、舞蹈、戏剧等表演艺术，还是书法、绘画等视觉艺术，都以其独特的魅力融入人们的日常生活，提升了人们的精神文化生活水平。中华优秀传统文化在日常生活中的应用与影响是多方面的，它不仅丰富了人们的文化生活，也促进了社会的和谐与进步。

第一节 传统文化元素在现代设计中的运用

一、传统图案与色彩在现代设计中的运用

在传统图案与现代设计的融合中，我们看到了中华优秀传统文化在现代社会中的独特魅力和广泛应用。这些图案和色彩不仅是历史的见证，更是民族精神的体现，它们在当代设计领域的创新运用，不仅丰富了设计的语言和形式，还加深了设计的文化内涵，使其更加贴近现代人的审美需求和生活方式。

（一）传统图案在现代设计中的复兴与创新

传统图案作为中华民族历史长河中积淀下来的瑰宝，蕴含着丰富的文化内涵和审美价值。它们不仅体现了古人的智慧和创造力，还承载着民族的记忆和情感。这些图案以独特的造型、精致的线条和丰富的寓意，展现了中华文化的多样性和包容性。

在现代设计中，传统图案被赋予了新的生命。设计师们通过提炼、重组和变形等手法，将这些图案融入现代设计理念中，创造出既具有传统韵味又不失现代感的设计作品。在服装设计领域，传统图案被广泛应用于印花、刺绣和织造等方面。设计师们将传统图案与现代流行元素相结合，创造出既具有文化特色又符合时尚潮流的服装款式。这些服装不仅提升了穿着者的文化品位，还增加了其艺术价值和市场竞争力。

在室内设计领域，传统图案则被用于墙面装饰、家具设计和软装搭配等方面。设计师们通过巧妙运用传统图案，营造出浓郁的文化氛围和独特的艺术风格。无论是传统的中式风格还是现代简约风格，传统图案的加入都能为室内空间增添一份文化底蕴和艺术气息。

传统图案还被广泛应用于包装设计、广告设计、标志设计等领域。设计师们通过提炼传统图案的精髓，结合现代设计手法，创造出具有独特视觉效果的设计作品。这些作品不仅具有审美价值，还能有效传达产品或品

牌的文化内涵和品牌形象。

（二）传统色彩在现代设计中的传承与发展

色彩作为视觉艺术的重要元素，也在现代设计中得到了广泛运用。中华优秀传统文化中的色彩观念独具特色，讲究色彩的和谐与对比，注重色彩对人们心理和情感的影响。这些色彩观念不仅体现了中华民族的审美追求，还反映了民族的文化传统和宗教信仰。

在现代设计中，设计师们通过借鉴传统色彩观念，结合现代审美需求，创造出既符合时代潮流又不失文化底蕴的色彩搭配方案。传统色彩如红、黄、蓝、绿等被广泛应用于各种设计领域。红色象征着喜庆、吉祥和热情，常用于节日庆典、婚礼等场合的装饰设计中；黄色代表着尊贵、权威和财富，常用于宫殿、庙宇等建筑和家具的装饰中；蓝色则寓意着宁静、深远和智慧，常用于科技、教育等领域的设计中；绿色则象征着生命、健康和希望，常用于环保、健康等领域的设计中。

设计师们通过巧妙运用传统色彩，营造出独特的视觉效果和情感体验。他们不仅注重色彩的和谐与对比，还注重色彩与形态、材质等元素的相互呼应和配合。在平面设计中，设计师们通过运用传统色彩来表现节日庆典、文化传承等主题。他们运用红色、黄色等鲜艳的色彩来营造喜庆、祥和的氛围；运用蓝色、绿色等清新的色彩来表现宁静、和谐的美感。这些设计作品不仅传递了喜庆、吉祥的文化寓意，还展现了中华文化的博大精深和独特魅力。

在三维设计中，设计师们则通过运用传统色彩来营造独特的空间氛围和情感体验。他们运用色彩的冷暖对比和明暗变化来营造不同的空间感和层次感；运用色彩的象征意义和情感表达来传递设计作品的文化内涵和品牌形象。这些设计作品不仅具有审美价值，还能引发人们的情感共鸣和文化认同。

（三）传统图案与色彩在现代设计中的融合与创新

传统图案与色彩的结合也在现代设计中展现出了独特的魅力。设计师们通过巧妙的构思和精湛的技艺，将传统图案与色彩相互融合，创造出既具有视觉冲击力又不失文化内涵的设计作品。这些作品不仅具有审美价值，还承载了民族的文化记忆和情感认同。

在服装设计中，设计师们将传统图案与色彩相结合，创造出具有独特魅力的服装款式。他们运用传统图案的精致线条和丰富寓意来展现服装的文化内涵；运用传统色彩的鲜艳明快和象征意义来营造服装的视觉效果和情感体验。这些服装不仅具有时尚感和艺术性，还能让人们感受到传统文化的魅力和力量。

在室内设计中，设计师们则通过巧妙运用传统图案与色彩来营造独特的空间氛围和情感体验。他们运用传统图案的精致造型和丰富色彩来打造具有文化特色的室内空间；运用传统色彩的和谐对比和明暗变化来营造温馨舒适的环境氛围。这些设计作品不仅提升了室内空间的文化品位和艺术价值，还能让人们感受到传统文化的温馨和魅力。

在平面设计、广告设计等领域中，设计师们也通过巧妙运用传统图案与色彩来创造具有独特视觉效果和情感体验的设计作品。他们运用传统图案的寓意和象征意义来传达设计作品的文化内涵和品牌形象；运用传统色彩的鲜艳明快和象征意义来营造独特的视觉效果和情感体验。这些设计作品不仅具有审美价值，还能引发人们的共鸣和认同。

二、传统建筑元素在当代空间设计中的应用

传统建筑元素作为中华优秀传统文化的重要组成部分，在当代空间设计中扮演着越来越重要的角色。这些元素不仅体现了古代工匠的智慧和创造力，也承载了民族的历史记忆和文化传统。在当代空间设计中，传统建筑元素的运用不仅是对传统文化的传承和发扬，更是对现代设计理念的丰富和完善。

传统建筑元素在当代空间设计中的应用形式多种多样。一方面，设计师们可以通过直接复制或提炼传统建筑元素，将其融入现代空间设计中，创造出具有传统韵味又不失现代感的空间环境。例如，在室内设计领域，传统建筑中的窗花、门楣、雕花等元素被广泛应用于墙面装饰、家具设计和软装搭配等方面，营造出浓郁的文化氛围和独特的艺术风格。在公共空间设计领域，传统建筑元素则被用于景观设计、建筑立面改造等方面，不

仅提升了空间的文化内涵，也增加了其艺术价值和观赏性。另一方面，设计师们还可以通过与现代设计理念的结合，对传统建筑元素进行创新和转化，创造出符合现代审美需求和文化内涵的设计作品。例如，在景观设计领域，设计师们可以借鉴传统建筑中的造园手法和建筑布局，结合现代材料和工艺，创造出既具有传统韵味又不失现代感的园林景观。在建筑设计中，设计师们可以通过对传统建筑元素的提炼和重组，创造出符合现代功能和审美需求的建筑形态和空间布局。

传统建筑元素在当代空间设计中的运用不仅提升了空间的文化内涵和艺术价值，也促进了传统文化的传承和发展。通过与现代设计理念的结合和创新，传统建筑元素在当代空间设计中展现出了新的生命力和创造力，为现代设计领域注入了更多的文化内涵和艺术魅力。

三、传统文化符号在产品设计中的融合与创新

传统文化符号作为中华优秀传统文化的重要组成部分，在产品设计领域中发挥着越来越重要的作用。这些符号不仅承载着民族的历史记忆和文化传统，也蕴含着丰富的审美价值和象征意义。在产品设计中，传统文化符号的融合与创新不仅提升了产品的文化内涵和艺术价值，也促进了传统文化的传承和发展。

传统文化符号在产品设计中可以通过多种方式进行融合与创新。一方面，设计师们可以通过直接引用或提炼传统文化符号，将其融入产品的外观设计和功能设计中，创造出具有传统文化韵味的产品。例如，在陶瓷产品设计领域，设计师们可以借鉴传统陶瓷纹样和造型特点，结合现代材料和工艺，创造出既具有传统韵味又不失现代感的产品。在纺织品设计领域，设计师们可以运用传统刺绣、印花等工艺手法，将传统文化符号融入纺织品设计中，提升其文化内涵和艺术价值。另一方面，设计师们还可以通过与现代设计理念的结合和创新，对传统文化符号进行转化和重构，创造出符合现代审美需求和文化内涵的新产品。例如，在智能家居产品设计领域，设计师们可以借鉴传统家具中的元素和符号，结合现代智能家居技术和设计理念，创造出既具有传统文化韵味又不失现代科技感的产品。在交通工

具设计领域，设计师们可以运用传统文化符号对车身进行装饰和点缀，提升其文化内涵和艺术价值，同时满足消费者的审美需求和文化认同感。

传统文化符号在产品设计中的融合与创新不仅提升了产品的文化内涵和艺术价值，也促进了传统文化的传承和发展。通过与现代设计理念的结合和创新，传统文化符号在产品设计领域中展现出了新的生命力和创造力，为现代设计领域注入了更多的文化内涵和艺术魅力。同时，这种融合与创新也推动了传统文化与现代社会的深度融合和发展，为传统文化的传承和创新提供了新的思路和途径。

第二节 民俗节日与庆典的文化传承

一、传统节日在当代社会的庆祝方式

传统节日作为民俗文化的重要组成部分，承载着丰富的历史记忆和文化内涵。它们如同一面镜子，映照出中华民族的精神风貌和文化特色。在当代社会，随着科技的发展和全球化的加速，传统节日的庆祝方式也在不断地演变和创新。但无论形式如何变化，传统节日所蕴含的文化精神和情感价值始终不变，它们依然是连接过去与现在、传承与创新的重要纽带。

（一）传统节日庆祝方式的多样化

传统节日在当代社会的庆祝方式呈现出多样化的特点。传统的祭祀、庙会、舞龙舞狮等活动，依然是许多地区庆祝节日的重要方式。这些活动不仅具有深厚的文化底蕴，还能让人们亲身感受到节日的热闹和喜庆。然而，随着科技的发展，现代科技也为传统节日的庆祝提供了新的平台和方式。

互联网和社交媒体的普及，使得人们可以跨越地域限制，共同参与线上庆祝活动。例如，在春节期间，许多网络平台会推出线上庙会、线上春晚等活动，让人们在家中就能感受到节日的氛围。同时，社交媒体上的节日话题、祝福互动等，也让人们能够随时随地分享节日的喜悦和祝福。这种线上庆祝方式不仅方便快捷，还能让更多的人参与到节日的庆祝中来。

一些创新性的庆祝方式也逐渐成为传统节日的新亮点。例如，灯光秀、音乐晚会等现代艺术形式，被越来越多地融入传统节日的庆祝中。这些活动不仅具有视觉和听觉上的享受，还能通过现代艺术手段展现传统文化的魅力。这些创新性的庆祝方式吸引了更多年轻人的关注和参与，使得传统节日在当代社会中焕发出新的活力。

（二）传统节日与现代社会的融合

传统节日在当代社会的庆祝方式还注重与现代社会文化的融合。在保留传统节日核心元素的基础上，一些地区或群体会根据自身的文化背景和社会环境，对传统节日进行适度的改编和创新。这种融合不仅丰富了节日的文化内涵，也增强了节日的趣味性和吸引力。例如，在庆祝春节时，一些地方会结合当地的文化特色，举办独具特色的民俗活动。如剪纸比赛、泥塑展览等，这些活动不仅展示了当地的文化特色，也让人们在参与中感受到传统文化的魅力。同时，一些地区还会将现代元素融入传统节日的庆祝中，如举办现代音乐会、时装秀等活动，让传统节日与现代文化相互交融，形成独特的节日氛围。

随着全球化的加速，一些国际元素也被融入传统节日的庆祝中。例如，在中秋节期间，一些地方会举办国际美食节、国际文化交流等活动，让人们在庆祝传统节日的同时，也能感受到不同文化的魅力。这种跨文化的庆祝方式不仅拓宽了人们的视野，也促进了不同文化之间的交流与融合。

（三）传统节日对传统文化的尊重和保护

传统节日在当代社会的庆祝方式还体现了对传统文化的尊重和保护。在庆祝传统节日的过程中，人们会注重传承和弘扬传统文化，如通过讲述历史故事、展示传统技艺等方式，让更多的人了解和认识传统文化的魅力和价值。例如，在端午节期间，一些地方会举办龙舟比赛、包粽子等活动，让人们亲身感受传统文化的魅力。同时，一些学校和教育机构也会组织相关的文化活动，如讲述屈原的故事、学习端午节的习俗等，让孩子们在参与中了解传统文化的历史渊源和文化内涵。政府和社会各界也加强对传统节日的保护和宣传。例如，通过制定相关法律法规、举办文化节庆活动等方式，推动传统节日的传承和发展，政府还会加大对传统文化的宣传力度，提高公众对传统文化的认识和重视程度。这些措施不仅有助于保护和传承传统文化，还能让更多的人了解和热爱自己的民族文化。

（四）传统节日在当代社会的意义

传统节日在当代社会的庆祝方式不仅丰富了人们的文化生活，还促进了传统文化的传承和发展。这些庆祝方式不仅让人们能够亲身感受到传统文化的魅力，还能增强民族自豪感和文化自信心。

一是传统节日的庆祝方式有助于传承和弘扬传统文化。通过讲述历史故事、展示传统技艺等方式，让更多的人了解和认识传统文化的魅力和价值。这种传承不仅有助于保持文化的连续性和稳定性，还能让传统文化在当代社会中焕发出新的活力。

二是传统节日的庆祝方式有助于增强民族凝聚力和文化认同感。在庆祝传统节日的过程中，人们会共同参与到各种活动中来，感受到彼此之间的情感联系和文化认同。这种凝聚力和认同感不仅有助于维护社会的和谐稳定，还能促进不同群体之间的交流与融合。

三是传统节日的庆祝方式还有助于推动文化创新和产业发展。通过创新性的庆祝方式和跨文化的交流融合，可以激发人们的创造力和想象力，推动文化的创新和发展。同时，这些庆祝方式也能带动相关产业的发展，如旅游业、文化产业等，为经济发展注入新的动力。

传统节日在当代社会的庆祝方式既保留了传统的元素和形式，又融入了现代社会的文化和科技元素，呈现出多样化、创新化和融合化的特点。这些庆祝方式不仅丰富了人们的文化生活，也促进了传统文化的传承和发展。在未来的发展中应该继续加强对传统节日的保护和宣传，推动其与现代社会的融合与创新，让传统节日在当代社会中焕发出更加绚丽的光彩。

二、民俗活动对社区凝聚力的提升作用

民俗活动作为民俗文化的部分之一，不仅承载着丰富的历史记忆和文化内涵，更是社区凝聚力提升的关键因素。通过参与民俗活动，社区成员能够加深彼此之间的了解和联系，增强社区的归属感和认同感，进而推动

社区的和谐稳定发展。

（一）提供交流与互动的平台

民俗活动为社区成员提供了一个独特的交流与互动平台。在日常生活中，社区成员可能因工作、学习等原因，缺乏足够的交流机会。而民俗活动则打破了这种隔阂，让社区成员有机会聚在一起，共同参与庆祝和表演。

在民俗活动中，社区成员可以分享彼此的故事和经验，了解不同家庭、不同背景的人们的经历和感受。这种交流不仅有助于增进彼此之间的了解和友谊，还能促进社区内部的沟通和协作。例如，在庆祝传统节日时，社区成员会共同筹备活动，分工合作，这种协作精神正是社区凝聚力的重要体现。民俗活动还促进了社区成员之间的情感交流。在共同参与活动的过程中，社区成员会感受到彼此之间的支持和关爱，这种情感联系是社区凝聚力的重要基础。通过民俗活动，社区成员能够建立起更加紧密的人际关系，形成更加和谐的社区氛围。

（二）激发共同情感和归属感

民俗活动能够激发社区成员的共同情感和归属感。在庆祝传统节日、纪念历史事件或传承文化技艺等活动中，社区成员会共同回顾历史、缅怀先辈，这种共同经历能够激发社区成员的共同情感和记忆。

民俗活动让社区成员意识到自己是社区的一份子，与社区有着深厚的情感联系。在参与活动的过程中，社区成员会感受到社区的温暖和关怀，从而增强对社区的归属感和认同感。这种归属感和认同感是社区凝聚力的重要来源，有助于推动社区的和谐稳定发展。民俗活动还能激发社区成员对传统文化的热爱和尊重。通过参与民俗活动，社区成员可以更加深入地了解传统文化的魅力和价值，从而更加珍视和传承传统文化。这种对传统文化的热爱和尊重也是社区凝聚力的重要体现。民俗活动还能增强社区成员之间的团结和协作精神。在共同参与活动的过程中，社区成员会相互支持、相互帮助，共同克服困难和挑战。这种团结和协作精神是社区凝聚力的重要组成部分，有助于推动社区的和谐发展。

（三）促进文化传承与发展

民俗活动还能够促进社区文化的传承和发展。在民俗活动中，社区成员会传承和弘扬传统文化技艺和习俗，这些传统文化技艺和习俗是社区文化的重要组成部分。

民俗活动为传统文化技艺和习俗提供了展示和传播的平台。通过参与民俗活动，社区成员可以了解和认识传统文化的魅力和价值，从而推动传统文化的传承和发展。例如，在传统节日中，社区成员会表演传统舞蹈、戏曲等节目，这些节目不仅展示了传统文化的魅力，还促进了传统文化的传播和普及。民俗活动还能激发社区成员对传统文化的创新和发展。在参与民俗活动的过程中，社区成员会结合现代元素和创意，对传统文化进行改编和创新，从而推动传统文化的与时俱进和不断发展。这种创新和发展不仅有助于保持传统文化的活力和魅力，还能增强社区成员对传统文化的认同感和自豪感。民俗活动还能促进社区文化的多元化和包容性。在共同参与民俗活动的过程中，社区成员会接触到不同文化背景下的民俗活动，从而增强对不同文化的理解和尊重。这种多元化和包容性有助于推动社区的和谐发展，增强社区的凝聚力和向心力。

（四）推动社区经济发展与社会和谐

民俗活动不仅有助于提升社区凝聚力，还能推动社区经济发展和社会和谐。在民俗活动中，社区成员会共同筹备和举办各种活动，如集市、展览等，这些活动能够吸引游客和投资者的关注，从而推动社区经济的发展。民俗活动还能促进社区内部的和谐稳定。在共同参与活动的过程中，社区成员会相互理解、相互包容，共同维护社区的和谐稳定。这种和谐稳定的社会环境有助于提升社区的整体形象和竞争力，吸引更多的人才和资源流入社区。民俗活动还能增强社区成员的社会责任感和公民意识。在参与民俗活动的过程中，社区成员会意识到自己是社区的一份子，有责任和义务为社区的繁荣和发展做出贡献。这种社会责任感和公民意识有助于推动社区的和谐发展，增强社区的凝聚力和向心力。

民俗活动对社区凝聚力的提升作用主要体现在提供交流与互动平台、激发共同情感和归属感、促进文化传承与发展，以及推动社区经济发展与社会和谐等方面。这些作用不仅有助于推动社区的和谐稳定发展，还能促进传统文化的传承和创新。因此，我们应该积极倡导和参与民俗活动，共同营造和谐、健康、向上的社区文化氛围。

在未来的发展中应该注重民俗活动的创新和发展，结合现代元素和创意，打造具有时代特色和地域特色的民俗活动品牌，还应该加强民俗活动的宣传和推广，提高社区成员对民俗活动的认识和参与度。通过这些措施，我们可以更好地发挥民俗活动在社区凝聚力提升中的作用，推动社区的和谐稳定发展。

三、节日庆典中传统美食与手工艺的传承与发展

节日庆典作为民俗文化的重要组成部分，不仅承载着丰富的历史记忆和文化内涵，还是传统美食与手工艺传承与发展的重要平台。在节日庆典中，人们会品尝各种传统美食，欣赏和制作各种手工艺制品，这些活动不仅丰富了人们的文化生活，也促进了传统文化的传承和发展。

节日庆典是传统美食传承的重要场所。在节日庆典中，人们会品尝各种传统美食，如春节的饺子、端午的粽子、中秋的月饼等。这些美食不仅具有独特的风味和口感，还蕴含着丰富的文化内涵和象征意义。通过品尝这些美食，人们可以了解和认识传统文化的魅力和价值，从而推动传统文化的传承和发展。同时，一些传统美食的制作技艺也被列入了非物质文化遗产名录，得到了更好的保护和传承。

节日庆典也是手工艺传承的重要平台。在节日庆典中，人们会欣赏和制作各种手工艺制品，如剪纸、泥塑、刺绣等。这些手工艺制品不仅具有独特的艺术价值和审美价值，还是传统文化的重要组成部分。通过参与手工艺制作活动，人们可以了解和认识传统文化的技艺和精髓，从而推动传统文化的传承和发展。同时，一些手工艺制品也被开发成了文化创意产品，成了传承和创新传统文化的新载体。

在节日庆典中，传统美食与手工艺的传承与发展也面临着一些挑战和机遇。一方面，随着现代化的加速和全球化的影响，一些传统美食和手工艺面临着被遗忘和消失的风险。因此，我们需要加强对传统美食和手工艺

的保护和传承工作，推动其与现代社会的融合和发展。另一方面，随着旅游业的蓬勃发展和文化创意产业的兴起，传统美食和手工艺也迎来了新的发展机遇。我们可以将传统美食和手工艺与旅游业和文化创意产业相结合，开发出具有市场竞争力和文化特色的产品和服务，推动传统文化的传承和创新。

节日庆典中传统美食与手工艺的传承与发展是民俗文化传承与创新的重要组成部分。我们应该加强对传统美食和手工艺的保护和传承工作，推动其与现代社会的融合和发展，同时也要抓住机遇，将传统美食和手工艺与旅游业和文化创意产业相结合，共同推动传统文化的传承和创新。

第三节 文化旅游与地方特色发展

一、文化遗产旅游资源的开发与保护

文化遗产作为人类文明的璀璨明珠，承载着丰富的历史信息、深厚的文化底蕴和独特的艺术魅力。在全球化与旅游业的双重推动下，文化遗产旅游已成为连接过去与现在、促进文化交流与理解的重要桥梁。然而，如何在开发利用文化遗产旅游资源的同时，确保其得到妥善保护，避免文化资源的过度消耗与破坏，是当前旅游发展与文化遗产保护领域面临的重大挑战。以下是对文化遗产旅游资源开发与保护问题的深度探讨与实践建议。

（一）科学规划与精准定位

科学规划是文化遗产旅游资源开发的首要步骤，它要求深入挖掘文化遗产的历史背景、文化内涵和艺术特色，明确开发目标与定位，制定长远且细致的旅游发展规划。这一过程中，应强调文化遗产的原始性和真实性，避免过度商业化导致的文化同质化与失真。

1. 深度挖掘文化价值

对文化遗产进行全面的历史与文化研究，包括其起源、发展、变迁及其在当地社会中的功能与意义,为旅游开发提供丰富的文化内涵支撑。

2.明确开发目标与定位

基于文化遗产的独特性,确定旅游开发的主题与方向,如历史探秘、文化体验、艺术欣赏等,确保开发活动与目标市场的匹配性。

3.合理控制游客容量

根据文化遗产的物理特性和保护需求,科学计算并设定游客承载量,避免过度拥挤对文化遗产造成物理性损害。

4.保持原始风貌

在旅游设施与服务的建设中,尽可能保持文化遗产及其周边环境的原始风貌,避免过度现代化或商业化元素的干扰。

(二)法律保障与技术应用

文化遗产的保护是开发的前提和基础,必须贯穿于整个旅游开发过程之中。这要求我们在遵循文物保护法律法规的同时,采用先进的科学技术手段,确保文化遗产的安全与完整。

1.严格遵守法律法规

建立健全文化遗产保护的法律体系,明确保护责任与义务,加大对违法行为的处罚力度,为文化遗产保护提供坚实的法律保障。

2.采用科技手段保护

利用数字化技术、虚拟现实(VR)、增强现实(AR)等现代科技,对文化遗产进行数字化记录、修复与展示,既满足游客的观赏需求,又减少了对文化遗产实体的直接接触与损害。

3.实施环境友好型保护

在旅游开发中,注重生态环境保护,采用环保材料,控制污染排放,减少对文化遗产所在环境的负面影响。

4.专业团队与技能培训

组建专业的文化遗产保护团队,定期进行技能培训与知识更新,提高保护工作的专业性与有效性。

(三)多元参与与社区融合

文化遗产旅游资源的开发与保护是一项系统工程,需要政府、企业、社会组织及民众的广泛参与和共同努力。

1. 政府主导作用

政府应发挥政策引导与资金支持的双重作用，制定有利于文化遗产保护与开发的政策措施，提供必要的财政补贴与技术支持。

2. 企业责任与参与

鼓励企业特别是旅游企业，积极参与文化遗产的保护与开发，通过提供资金、技术、人才等资源，促进文化遗产的活化利用与可持续发展。

3. 社会组织与民众参与

动员非政府组织、学术机构、志愿者团体及当地居民，参与文化遗产的保护、宣传与教育活动，形成全民参与的良好氛围。

4. 社区融合与共赢

将文化遗产旅游与当地社区发展紧密结合，通过旅游带动就业、促进地方经济发展，同时确保社区居民在文化遗产保护与开发中的知情权、参与权与受益权。

（四）可持续发展视角下的文化遗产旅游

文化遗产旅游资源的开发与保护，必须遵循可持续发展的原则，实现经济效益、社会效益与环境效益的和谐统一。

1. 推广绿色旅游

鼓励游客采用低碳、环保的出行方式，减少旅游活动对环境的负担。同时，加强旅游设施与服务的绿色化改造，如使用可再生能源、推广垃圾分类与回收等。

2. 强化科普教育功能

将文化遗产作为重要的教育资源，通过举办讲座、工作坊、研学旅行等活动，提升游客的文化素养与环保意识，促进文化遗产的传承与创新。

3. 促进文化交流与理解

利用文化遗产作为文化交流的桥梁，组织国际文化交流活动，增进不同国家和地区人民之间的相互理解和尊重，推动世界文化的多样性与繁荣。

4. 建立文化遗产旅游开发与保护效果的监测与评估体系

定期收集游客、社区、专家等多方面的反馈意见，及时调整开发与保护策略，确保文化遗产旅游资源的可持续发展。

文化遗产旅游资源的开发与保护是一项复杂而细致的工作，需要政府、企业、社会组织及民众的共同努力与智慧。通过科学规划、法律保障、多元参与、可持续发展等多方面的措施，我们可以实现文化遗产旅游资源的有效保护与合理利用，为地方特色发展注入新的活力，也为人类文明的传承与发展贡献一份力量。

二、文化旅游与地方经济的互动发展

文化旅游作为现代旅游业的重要组成部分，不仅承载着丰富的文化内涵，更以其独特的魅力成为推动地方经济发展的重要引擎。它不仅能够促进地方特色产业的兴起，带动相关产业链的协同发展，还能加速地方经济的转型升级，促进社会的和谐稳定。

（一）文化旅游与地方特色产业的兴起

文化旅游的发展首先推动了地方特色产业的兴起。地方丰富的文化遗产和旅游资源，是打造特色文化旅游品牌的基础。通过深入挖掘地方文化资源的内涵，结合市场需求，可以开发出具有鲜明地域特色的文化旅游产品，如历史文化街区、民俗风情村、非物质文化遗产体验馆等，吸引大量游客前来观光游览。

1. 旅游服务业的繁荣

随着文化旅游的兴起，餐饮、住宿、交通等旅游服务行业迎来了前所未有的发展机遇。地方特色的餐饮美食、舒适的住宿环境、便捷的交通设施，成为吸引游客的重要因素。同时，这些行业的发展也带动了地方就业的增加，提高了居民的收入水平。

2. 地方特色商品的研发与销售

文化旅游的发展还促进了地方特色商品的研发与销售。手工艺品、地方特产等具有浓郁地方特色的商品，不仅满足了游客的购物需求，也成为地方经济的重要增长点。通过文化旅游的平台，这些商品得以走向更广阔的市场，实现价值的最大化。

（二）文化旅游与相关产业链的协同发展

文化旅游的兴起，不仅促进了旅游服务行业的繁荣，还推动了文化创意、教育培训、农业科技等相关产业的协同发展。

1. 文化创意产业的崛起

文化创意产业是文化旅游产业链中的重要一环。借助文化旅游的平台，文化创意产业可以开发出具有地方特色的文化创意产品，如文化衍生品、艺术品等，提升产品的附加值。同时，文化创意产业的发展也为地方带来了更多的就业机会和经济效益。

2. 教育培训产业的拓展

教育培训产业也可以依托文化旅游资源，开展丰富多彩的研学旅行活动。通过组织学生参观历史文化遗址、参与非物质文化遗产体验等活动，不仅可以培养学生的文化素养和实践能力，还可以促进地方文化的传承与发展。同时，这些活动也为教育培训产业带来了新的增长点。

3. 农业科技产业的创新

结合文化旅游需求，农业科技产业可以发展生态农业、观光农业等新型农业形态。通过打造田园综合体、农业主题公园等项目，不仅可以吸引游客前来体验农耕文化、品尝绿色农产品，还可以推动地方农业产业的转型升级和可持续发展。

（三）文化旅游与地方经济的转型升级

随着文化旅游产业的不断发展壮大，地方经济结构逐渐由传统农业、工业向服务业转型，实现了经济结构的优化升级。

1. 经济结构的优化

文化旅游产业的发展促进了地方经济结构的优化。传统农业和工业的比重逐渐降低，而服务业特别是旅游服务业的比重不断上升。这种经济结构的转变不仅有助于提升地方经济的整体竞争力，还为地方带来了更加广阔的发展空间和更加可持续的发展模式。

2. 产业融合与创新

文化旅游产业的发展还促进了产业之间的融合与创新。通过文化旅游与农业、工业、文化创意等产业的深度融合，可以打造出更多具有市场竞争力的文化旅游产品和服务。同时，这种融合与创新也推动了地方经济的转型升级和可持续发展。

（四）文化旅游与地方社会的和谐稳定

文化旅游产业的发展不仅促进了地方经济的繁荣，还促进了地方社会的和谐稳定。

1. 就业与收入水平的提升

文化旅游产业的发展带动了地方就业的增加。餐饮、住宿、交通、文化创意等相关产业的繁荣为当地居民提供了更多的就业机会。同时，这些行业的发展也提高了居民的收入水平和生活质量。

2. 文化交流与融合

文化旅游活动促进了不同地域、不同文化之间的交流与融合。通过参观游览、体验互动等活动，游客可以深入了解地方文化，增强对地方文化的认同感和归属感。同时，这种文化交流与融合也有助于增强地方社会的凝聚力和向心力。

3. 社会服务的提升

随着文化旅游产业的发展，地方社会服务也得到了显著提升。政府和社会各界加大对文化旅游基础设施和公共服务的投入力度，提高了地方的整体服务水平。这些服务不仅满足了游客的需求，也为当地居民提供了更加便捷、舒适的生活环境。

（五）实践路径与策略建议

为推动文化旅游与地方经济的深度融合发展，需要采取的实践路径与策略建议：制定文化旅游发展规划，明确发展目标、重点任务和保障措施，加强与其他相关规划的衔接与协调，确保文化旅游产业与其他产业的协同发展；加大对文化旅游产业的投入力度，包括财政资金、社会资本等，优化投资结构，提高资金使用效率；建立健全文化旅游产业发展的体制机制，包括政策扶持、市场监管、人才培养等方面，推动文化旅游产业与其他产业的融合发展，打造多元化的文化旅游产品和服务；加强文化旅游基础设施和公共服务设施建设，提高服务质量和管理水平，加强旅游从业人员的培训和教育，提高他们的专业素养和服务意识；加大对文化旅游的宣传推广力度，提高文化旅游的知名度和影响力，加强与国内外旅游市场的合作与交流，拓展文化旅游的客源市场。

文化旅游与地方经济之间存在着紧密的互动关系。通过加强规划引导、加大投入力度、创新体制机制、提升服务质量和加强宣传推广等措施，可以推动文化旅游与地方经济的深度融合发展，为地方经济注入新的活力。

三、文化旅游体验的教育意义与情感连接

文化旅游作为一种融合了休闲、娱乐、教育与情感体验的综合性旅游形式，正逐渐成为现代旅游业的重要组成部分。它不仅为游客提供了领略地方特色文化魅力的机会，更在无形中传递着文化的精髓，建立起游客与地方之间深厚的情感纽带。

（一）文化旅游体验的教育意义

文化旅游体验的教育意义，体现在它能够为游客提供一个直观、生动且富有感染力的学习环境。在这个环境中，游客通过参观博物馆、历史遗迹、民俗村等文化旅游景点，能够近距离地接触和感受地方的历史文化、风土人情和民俗传统。

1. 拓宽视野与激发兴趣

文化旅游景点往往承载着丰富的历史和文化信息，这些信息通过展览、讲解、互动体验等方式呈现给游客。在游览过程中，游客不仅能够了解到地方的历史变迁和文化传承，还能够感受到不同地域文化的独特魅力。这种直观的体验方式，极大地拓宽了游客的视野，激发了他们对传统文化的兴趣和热爱。

2. 深化文化理解与感悟

与单纯的阅读或听讲相比，文化旅游体验更加生动和直观。游客通过亲身体验和互动，能够更加深入地理解和感悟文化的内涵。例如，在参观历史遗迹时，通过触摸古老的城墙、聆听讲解员的讲解，游客能够更加真切地感受到历史的厚重和文化的韵味。

3. 结合研学旅行与文化讲座

为了进一步提升文化旅游的教育意义，可以将研学旅行和文化讲座等

教育形式融入其中。研学旅行通过组织学生参观文化旅游景点、开展实践活动等方式，让学生在亲身体验中学习文化知识；文化讲座则通过邀请专家学者进行专题讲座，为游客提供更加深入的文化解读和知识普及。这些教育形式不仅能够丰富文化旅游的内涵，还能够提升游客的文化素养和审美能力。

（二）文化旅游体验的情感连接

文化旅游体验不仅具有显著的教育意义，还能够建立游客与地方之间的情感连接。这种情感连接是通过游客在文化旅游过程中的亲身体验和互动逐渐形成的。

1. 融入地方生活与文化氛围

在文化旅游的过程中，游客通过参与地方的文化活动、品尝地方美食、与当地居民交流等方式，逐渐融入地方的生活和文化氛围之中。这种身临其境的体验让游客对地方产生了深厚的情感认同和归属感。他们开始关注地方的发展变化，愿意为地方的文化传承和经济发展贡献自己的力量。

2. 增强情感认同与归属感

情感连接的形成是一个渐进的过程。在文化旅游的初期，游客可能对地方的文化和风景感到新奇和陌生；但随着时间的推移和体验的深入，他们开始逐渐理解和欣赏地方的文化魅力，并产生强烈的情感认同和归属感。这种情感连接不仅增强了游客对地方的忠诚度和满意度，还为地方的文化旅游产业发展提供了稳定的客源基础。

3. 激发参与热情与贡献意愿

情感连接的形成还能够激发游客参与地方文化旅游活动的积极性和热情。他们不仅愿意在文化旅游过程中投入更多的时间和精力，还愿意为地方的文化传承和经济发展贡献自己的力量。例如，通过购买地方特色商品、参与文化保护项目等方式，游客可以为地方的文化旅游产业发展注入新的活力。

（三）教育意义与情感连接的相互促进

在文化旅游体验中，教育意义与情感连接是相互促进、共同发展的。一方面，通过加强文化旅游的教育功能，可以提升游客的文化素养和审美能力，让他们更加深入地了解和欣赏地方的文化魅力；另一方面，通过建立游客与地方之间的情感连接，可以增强游客对地方的认同感和归属感，从而激发他们参与地方文化旅游活动的积极性和热情。

1. 提升文化认知与审美能力

加强文化旅游的教育功能，可以通过丰富多样的展览、讲解、互动体验等方式，让游客在游览过程中不断学习和领悟文化的精髓。这种学习过程不仅能够提升游客的文化素养和审美能力，还能够让他们更加深入地理解和欣赏地方的文化魅力。

2. 增强情感认同与忠诚度

通过建立游客与地方之间的情感连接，可以增强游客对地方的认同感和归属感。这种情感认同和归属感不仅让游客在文化旅游过程中更加投入和享受，还能够让他们成为地方文化旅游产业的忠实粉丝和宣传者。他们愿意将自己在文化旅游过程中的美好体验分享给亲朋好友，从而吸引更多的人前来体验和学习。

3. 推动文化旅游产业的可持续发展

教育意义与情感连接的相互促进，不仅有助于提升地方文化旅游产业的知名度和影响力，还能够为地方带来更加持久和稳定的经济效益和社会效益。通过加强文化旅游的教育功能，可以吸引更多的游客前来学习和体验；通过建立游客与地方之间的情感连接，可以留住更多的忠实游客并吸引他们再次前来。这种相互促进的关系不仅有助于推动地方文化旅游产业的可持续发展，还能够为地方的文化传承和经济发展注入新的活力。

（四）实践路径与策略建议

为了充分挖掘和利用文化旅游体验中的教育意义与情感连接，推动地方文化旅游产业的可持续发展，以下是一些实践路径与策略建议。

1. 丰富文化旅游产品体系

结合地方的文化资源和市场需求，打造具有教育意义和情感连接的文化旅游产品体系。包括历史遗迹、民俗文化游、研学旅行游等多种类型的产品，以满足不同游客的需求和偏好。

2. 提升文化旅游服务质量

加强文化旅游服务设施的建设和管理，提升服务质量和水平。包括完善交通、餐饮、住宿等配套设施的建设，提高讲解员的讲解水平和专业素养等。这些措施能够为游客提供更加便捷、舒适和安全的文化旅游体验。

3. 加强文化教育与旅游融合

推动文化教育与旅游产业的融合发展，将文化教育元素融入文化旅游产品中。例如，在研学旅行中增加文化讲座和实践活动等环节，让游客在游览过程中不断学习和领悟文化的精髓。这种融合发展不仅能够提升文化旅游的教育意义，还能够增强游客的情感连接和忠诚度。

4. 创新文化旅游营销方式

利用互联网和新媒体等渠道创新文化旅游营销方式，提高文化旅游产品的知名度和影响力。包括建立官方网站和社交媒体账号进行宣传推广，开展线上互动活动和抽奖活动等。这些营销方式能够吸引更多游客的关注和参与，推动地方文化旅游产业的快速发展。

文化旅游体验中的教育意义与情感连接是地方文化旅游产业发展不可或缺的重要元素。通过充分挖掘和利用地方的文化资源，打造具有教育意义和情感连接的文化旅游产品体系；加强文化旅游服务质量和水平；推动文化教育与旅游产业的融合发展；创新文化旅游营销方式等措施；我们可以为游客提供更加丰富多彩的文化旅游体验，推动地方文化旅游产业的可持续发展。

第四节 文化艺术与日常生活的融合

一、传统文化艺术在当代社会的表现形式

传统文化艺术作为民族精神的瑰宝与历史记忆的载体，不仅承载着丰富的文化内涵，更在当代社会中通过多样化的表现形式与现代生活紧密相连，成为连接过去与未来的桥梁。这些表现形式不仅展现了传统文化艺术

的深厚底蕴，也为其在当代的传承与发展注入了新的活力。

（一）数字化技术

数字化技术为传统文化艺术的传播与再现提供了前所未有的新途径。随着 VR（虚拟现实）、AR（增强现实）、3D 扫描和建模等高科技手段的广泛应用，古老的文化艺术得以在数字空间中焕发新生。

1. 数字化复原与虚拟展示

通过 3D 扫描和建模技术，可以将古代壁画、雕塑等艺术品进行高精度数字化复原，让观众在虚拟环境中近距离观赏这些珍贵的艺术品。这种数字化的展示方式不仅避免了实体文物因长期展示而受损的风险，还使得观众能够以一种全新的视角和体验去感受传统文化的魅力。

2. 数字艺术品的创作

数字艺术品的创作过程中，艺术家们常常将传统元素与现代设计相结合，创造出既具有传统文化底蕴又符合现代审美的艺术作品。这些作品不仅丰富了传统文化艺术的表现形式，也为现代艺术注入了新的灵感和活力。

3. 互动体验与文化传播

借助 VR 和 AR 技术，观众可以参与到传统文化的互动体验中，如虚拟的古代宫廷宴会、传统的节日庆典等。这种沉浸式的体验方式不仅让观众更加深入地了解传统文化，也极大地增强了文化的传播力和影响力。

（二）跨界合作

传统文化艺术与现代流行文化的结合，催生出了一系列跨界作品，这些作品不仅保留了传统文化的精髓，还加入了现代元素，使其更加贴近年轻人的审美和兴趣。

1. 古典诗词与现代音乐的混搭

古典诗词作为传统文化的瑰宝，其韵律和意境与现代音乐的结合，可以创造出既具有古典韵味又不失现代感的新音乐作品。这种跨界合作不仅让古典诗词以全新的方式呈现给大众，也为现代音乐创作提供了丰富的素材和灵感。

2. 传统服饰与现代时尚的融合

传统服饰如汉服、旗袍等，在现代时尚设计师的手中得以重新诠释和演绎。他们将这些传统元素融入现代服装设计中，创造出既具有传统文化底蕴又符合现代审美的时尚作品。这种融合不仅丰富了现代服装设计的文化内涵，也让传统服饰以全新的方式走进人们的生活。

3. 传统戏曲与现代舞台艺术的结合

传统戏曲作为中国传统文化的瑰宝之一，其表演形式和故事内容在现代舞台艺术的演绎下得以重新焕发活力。通过将传统戏曲元素融入现代音乐剧中，或者将传统戏曲的唱腔和身段与现代舞蹈和表演技巧相结合，可以创造出既具有传统戏曲韵味又不失现代感的新舞台艺术作品。

（三）传统节日与庆典

传统节日与庆典作为传统文化艺术展示的重要舞台，不仅是对历史的纪念和文化的传承，更是传统文化艺术的集中展示和体验。

1. 春节庙会

春节作为中国传统文化中最重要的节日之一，其庙会活动不仅吸引了大量游客前来观赏和参与，也成了传统文化艺术展示的重要平台。在庙会上，人们可以欣赏到剪纸、皮影戏、舞狮等传统艺术形式的表演和展示，感受浓厚的文化氛围和节日的喜庆气氛。

2. 中秋赏月与月饼制作

中秋节作为中国传统文化中的传统节日之一，其赏月习俗和月饼制作技艺都是传统文化艺术的重要组成部分。通过赏月活动和月饼制作技艺的展示和体验，人们可以更加深入地了解中秋节的文化内涵和传统文化艺术的魅力。

3. 端午龙舟赛

端午节作为中国传统文化中的传统节日之一，其龙舟赛活动不仅是对屈原精神的纪念和传承，也是传统文化艺术展示的重要形式之一。在龙舟赛上，人们可以欣赏到传统龙舟的制作技艺和划龙舟的技巧和风采，感受传统文化的力量和魅力。

（四）非物质文化遗产的传承与发展

非物质文化遗产作为传统文化艺术的重要组成部分，其传承与发展也是当代社会的重要任务之一。通过口述历史、技艺传承、社区教育等方式，许多濒临失传的传统技艺得以保存并焕发新生。

1. 口述历史与技艺传承

口述历史作为非物质文化遗产传承的重要方式之一，通过老一辈艺术家的口述和年轻一代的传承者的记录和学习，许多濒临失传的传统技艺得以保存下来。同时，技艺传承也是非物质文化遗产传承的核心环节之一，通过老一辈艺术家的传授和年轻一代的传承者的学习和实践，这些传统技艺得以在年轻一代中得以延续和创新。

2. 社区教育与公众参与

社区教育作为非物质文化遗产传承的重要平台之一，通过组织各种形式的传统文化艺术活动和学习班等，让更多的人了解和参与到传统文化艺术的传承和发展中来。同时，公众参与也是非物质文化遗产传承的重要力量之一，通过公众的参与和关注，可以推动传统文化艺术的传承和发展更加深入和广泛。

3. 传统手工艺的创新与发展

传统手工艺作为非物质文化遗产的重要组成部分之一，其创新与发展也是当代社会的重要任务之一。通过与现代设计理念和技术的结合以及市场需求的分析和挖掘等方式，传统手工艺可以在保留其传统文化底蕴的基础上实现创新和发展。例如将传统刺绣技艺与现代时尚元素相结合创造出新的刺绣作品或者将传统陶瓷制作技艺与现代工业设计相结合创造出具有现代感和实用性的陶瓷产品等。

传统文化艺术在当代社会的表现形式是多元且富有活力的。它们不仅通过数字化技术、跨界合作、传统节日庆典及非物质文化遗产的传承等方式得以传承和发展，更在不断创新中与现代生活深度融合，展现出强大的生命力和影响力。这些表现形式不仅丰富了人们的文化生活和精神世界，也为传统文化艺术的传承和发展注入了新的活力和动力。

二、文化艺术活动对公众审美能力的提升

文化艺术活动，作为社会文化生活不可或缺的组成部分，对于提升公众审美能力具有深远且持久的影响。通过参与丰富多彩的文化艺术活动，

公众不仅能够拓宽视野，接触到多样化的艺术形式和风格，更能在欣赏与交流的过程中，逐步深化对美的认识与理解，进而提升个人的审美素养和审美能力。

（一）丰富审美体验

文化艺术活动为人们提供了前所未有的审美体验，这种体验是多维度、多层次的。从视觉艺术的画展、雕塑展，到听觉艺术的音乐会、戏曲演出，再到综合性的戏剧、舞蹈表演，每一种艺术形式都以其独特的方式触动人心，让人在感官上获得美的享受。

1. 视觉艺术的魅力

美术馆、画廊等场所展出的艺术作品，往往通过色彩、线条、构图等视觉元素，传达出艺术家的情感与思想。观众在观赏过程中，不仅能够感受到艺术作品的外在美感，还能通过艺术家的笔触、色彩运用等细节，窥见作品背后的文化内涵和时代特征，从而培养和提高个人的视觉审美感知能力。

2. 听觉艺术的感染力

音乐会、戏曲演出等听觉艺术活动，通过音乐、唱腔、乐器等声音元素，营造出独特的审美氛围。观众在聆听过程中，不仅能够欣赏到音乐旋律的优美，还能通过音乐的节奏、和声等要素，感受到作品所传达的情感与意境，进而提升个人的听觉审美鉴赏能力。

3. 综合艺术的震撼力

戏剧、舞蹈等综合性艺术表演，通过演员的表演、舞台设计、灯光音响等多种元素的融合，创造出震撼人心的艺术效果。观众在观看过程中，不仅能够享受到视觉与听觉的双重盛宴，还能通过剧情的推进、角色的塑造等，理解作品的主题与思想，从而提升个人的综合审美能力。

（二）审美知识的传播与普及

文化艺术活动在提供审美体验的同时，也促进了审美知识的传播与普及。通过讲解、导览、讲座等形式，公众能够了解到艺术作品背后的历史背景、创作意图和艺术风格等信息，从而更加深入地理解作品，提高审美鉴赏能力。

1. 艺术史与理论的普及

艺术机构和教育部门经常举办艺术史讲座、艺术理论研讨会等活动，邀请专家学者为公众普及艺术史知识，讲解艺术流派的特点与演变，以及艺术创作的规律与技巧。这些知识的普及，有助于公众形成对艺术作品的全面认识，提高审美鉴赏的准确性和深度。

2. 作品解读与评论

艺术评论和艺术批评是审美教育的重要组成部分。通过参与艺术评论活动，公众可以学会从不同角度和层面去分析和评价艺术作品，形成自己的审美判断。同时，艺术评论也促进了艺术家与观众之间的交流，使艺术家能够了解观众的需求与反馈，不断调整和完善自己的创作。

3. 跨文化交流与融合

随着全球化的加速发展，文化艺术活动也日益呈现出跨文化的特点。通过举办国际艺术节、艺术展览等活动，公众能够接触到来自不同国家和地区的艺术作品，了解不同文化背景下的艺术风格与审美观念，从而拓宽自己的审美视野，提高跨文化审美鉴赏能力。

（三）审美创造力的激发

文化艺术活动不仅培养了公众的审美能力，还激发了人们的审美创造力。通过参与艺术创作、设计、表演等活动，公众能够在实践中锻炼自己的想象力和创造力，为社会文化创新提供源源不断的动力。

1. 艺术创作与实践

许多艺术机构和学校都开设了面向公众的艺术创作课程和工作坊，如绘画、雕塑、摄影、陶艺等。这些课程不仅为公众提供了接触和了解艺术创作的机会，还通过实践指导，帮助公众掌握艺术创作的基本技能和方法，激发个人的审美创造力。

2. 设计与创新

设计是审美创造力的重要体现。通过参与设计活动，公众可以运用所学的艺术知识和技能，结合市场需求和个人兴趣，创造出具有独特美感的设计作品。这些作品不仅丰富了社会文化生活，还推动了文化创意产业的发展。

3. 表演与展示

戏剧、舞蹈、音乐等表演艺术活动，为公众提供了展示个人才华和创造力的舞台。通过参与表演活动，公众可以在实践中锻炼自己的表演技巧和舞台表现力，同时也在与观众的互动中，感受到创作的乐趣和成就感。

（四）审美教育的普及与发展

文化艺术活动在提升公众审美能力的同时，也促进了审美教育的普及与发展。许多艺术机构和学校都开展了面向公众的艺术教育课程和活动，为不同年龄段的公众提供了接触和了解艺术的机会。

1. 艺术教育课程的普及

学校作为审美教育的主阵地，通过开设美术、音乐、舞蹈等艺术教育课程，为青少年提供了系统的审美教育。这些课程不仅培养了学生的艺术兴趣和爱好，还通过艺术创作和实践活动，提高了学生的审美素养和创造力。

2. 艺术夏令营与工作坊

许多艺术机构和学校都举办了面向公众的艺术夏令营和工作坊等活动。这些活动不仅为公众提供了接触和了解艺术的平台，还通过艺术创作的实践指导，帮助公众掌握艺术创作的基本技能和方法，激发个人的审美创造力。

3. 社区艺术活动

社区作为社会的基本单元，也是审美教育的重要场所。通过举办社区艺术节、艺术展览等活动，可以激发社区居民对艺术的兴趣和热情，提高他们的审美素养和审美能力。同时，这些活动也促进了社区居民之间的交流与互动，增强了社区的凝聚力和归属感。

文化艺术活动对于提升公众审美能力具有显著且持久的作用。它们不仅提供了丰富的审美体验，促进了审美知识的传播与普及，还激发了人们的审美创造力，推动了审美教育的普及与发展。因此，我们应该积极倡导和参与文化艺术活动，不断提升自己的审美能力，共同推动社会文化的发展和繁荣。在这个过程中，我们不仅能够享受到艺术带来的美好与快乐，还能够为社会文化的创新与发展贡献自己的力量。

三、文化艺术与社区生活的融合实践

文化艺术与社区生活的融合，不仅是构建和谐社会的基石，更是提升居民生活质量、丰富精神世界的重要途径。通过将文化艺术元素巧妙地融入社区生活的各个层面，我们不仅能够为社区注入新的活力与色彩，还能在无形中增强社区的凝聚力与归属感，促进居民之间的交流与理解。

（一）社区艺术节的举办

社区艺术节作为文化艺术与社区生活融合的重要形式，其意义远不止于一场场精彩的演出或展览。它更像是一座桥梁，连接着艺术与生活的两端，让居民在参与中感受到艺术的魅力，同时也促进了邻里之间的情感交流。

1. 多元化的艺术活动

社区艺术节通常涵盖舞蹈、音乐、戏剧、书画、手工艺等多种艺术形式，为居民提供了展示个人才艺和欣赏他人作品的平台。这些活动不仅丰富了居民的文化生活，还激发了他们对艺术的热爱与追求。

2. 邻里间的互动与融合

艺术节的举办往往伴随着各种互动环节，如艺术工作坊、艺术市集等，这些活动为居民提供了面对面交流的机会，促进了邻里之间的了解与友谊。在共同创作或欣赏艺术作品的过程中，居民们能够感受到彼此之间的支持与鼓励，从而增强社区的凝聚力。

3. 文化传承与创新

社区艺术节还是传承与创新的重要平台。通过举办传统艺术表演、非物质文化遗产展示等活动，居民们能够深入了解并传承本土文化。同时，艺术节也鼓励居民们进行艺术创新，将传统元素与现代审美相结合，创造出具有时代特色的艺术作品。

（二）社区文化空间的打造

社区文化空间是文化艺术与社区生活融合的又一关键。这些空间不仅为居民提供了休闲娱乐的场所，更成了艺术交流与创作的平台。

1. 文化广场与艺术长廊

文化广场通常位于社区中心地带，是居民们日常聚集、交流的重要场所。通过举办各种艺术活动，如音乐会、舞蹈表演、艺术展览等，文化广场成了艺术与生活的交汇点。艺术长廊则以其独特的艺术氛围和丰富的展览内容，吸引了众多居民驻足欣赏，成了社区的文化地标。

2. 公共艺术装置与雕塑

在社区的公共空间内设置艺术装置或雕塑，不仅能够美化环境，还能提升居民的艺术审美水平。这些艺术作品往往蕴含着深刻的文化内涵和寓意，能够引发居民的思考与共鸣，从而增强社区的文化氛围。

3. 多功能文化活动室

许多社区都设有文化活动室，供居民进行艺术创作、学习交流等活动。这些活动室不仅配备了专业的艺术设备和材料，还定期举办艺术讲座、工作坊等活动，为居民提供了学习和实践的机会。

（三）社区艺术教育的普及

艺术教育是文化艺术与社区生活融合的重要方面。通过普及艺术教育，我们不仅能够培养居民的艺术素养和审美能力，还能为社区的文化发展培养后备人才。

1. 艺术培训班与兴趣小组

社区可以开设各种艺术培训班和兴趣小组，如绘画班、舞蹈班、音乐班等，为居民提供系统的艺术学习机会。这些课程不仅有助于居民掌握艺术技能，还能激发他们对艺术的热爱与追求。

2. 亲子艺术活动

通过组织亲子艺术活动，如家庭绘画比赛、亲子音乐会等，可以促进家庭成员之间的情感交流，增进亲子关系。同时，这些活动也能够让儿童在家长的陪伴下接触艺术，培养他们的艺术兴趣和创造力。

3. 艺术教育与社区发展

艺术教育不仅关乎个人的成长与发展，还与社区的整体发展密切相关。通过培养居民的艺术素养和审美能力，我们可以提升社区的文化品位和竞争力，为社区的可持续发展贡献力量。

（四）社区艺术项目的实施

社区艺术项目是文化艺术与社区生活融合的有效手段。通过引入艺术项目，我们可以让居民参与到艺术创作中来，共同打造具有特色的社区文化。

1. 壁画创作与公共雕塑

壁画和雕塑是社区艺术项目的重要组成部分。通过邀请艺术家与居民共同创作壁画或雕塑，我们可以将社区的历史、文化、风俗等元素融入其中，形成独特的社区文化景观。

2. 社区艺术装置与景观设计

除了壁画和雕塑外，我们还可以利用社区内的公共空间进行艺术装置和景观设计。这些作品不仅能够美化环境，还能提升居民的艺术审美水平，增强社区的文化氛围。

3. 艺术项目的持续性与影响力

社区艺术项目的成功不仅在于作品的创作与展示，更在于其持续性和影响力。通过定期举办艺术展览、艺术讲座等活动，我们可以让艺术项目成为社区文化的重要组成部分，持续影响并提升居民的艺术素养和审美能力。

（五）社区艺术志愿者的参与

社区艺术志愿者是文化艺术与社区生活融合的重要力量。他们利用自己的艺术特长为社区的文化建设贡献力量，同时也通过志愿服务活动实现了个人价值的提升。

1. 艺术志愿服务活动的组织

社区可以组织各种艺术志愿服务活动，如为老年人提供艺术陪伴、为儿童提供艺术教育等。这些活动不仅能够满足居民的精神需求，还能促进不同年龄段居民之间的交流与理解。

2. 艺术志愿者的培训与激励

为了提高艺术志愿者的服务质量和水平，社区可以定期组织培训活动，提升他们的艺术素养和服务能力。同时，通过设立奖励机制、颁发荣誉证书等方式，激励更多的居民参与到艺术志愿服务中来。

3. 艺术志愿服务的持续性与创新性

艺术志愿服务活动的持续性和创新性是确保其长期发展的关键。社区可以不断探索新的服务模式和服务内容，如利用互联网和社交媒体平台开展线上艺术教育活动等，以满足居民日益增长的精神文化需求。

文化艺术与社区生活的融合实践是构建和谐社会、提升居民生活质量的有效途径。通过举办社区艺术节、打造文化空间、普及艺术教育、实施艺术项目和吸引志愿者参与等方式，我们可以让文化艺术更好地融入社区生活，为居民提供更加丰富多彩的文化体验和精神享受。在这个过程中，我们不仅能够促进居民之间的交流与理解，还能提升他们的艺术素养和审美能力，共同推动社区文化的繁荣与发展。

第五章　教育与人才培养

　　本章着重探讨了教育在中华优秀传统文化传承与创新中的核心作用，以及如何通过教育体系的完善与人才培养的加强来促进文化的持续传承与发展。分析了当前教育体系在中华优秀传统文化传承中的角色和现状，包括基础教育、高等教育、职业教育等各个阶段对传统文化的融入与教学。它强调了将传统文化纳入课程体系、教学方法和评估体系的重要性，以确保学生能够在学习过程中接收到系统的文化教育，增强文化自信和认同感；聚焦于中华优秀传统文化传承与创新所需的专业人才培养问题，分析了当前专业人才的需求状况，包括文化遗产保护、文化研究、文化创意产业等领域的人才缺口，在此基础上提出加强专业人才培养的策略，以培养具备深厚文化素养、创新能力和实践经验的专业人才，强调跨学科人才培养的重要性，以促进不同领域之间的交叉融合和协同创新；探讨如何构建覆盖全年龄段的文化传承体系。它强调终身学习理念在文化传承中的重要性，以及通过社区教育、在线教育、文化节庆等多种形式，为不同年龄段的人群提供持续的文化学习和交流机会。全面探讨如何通过教育来加强中华优秀传统文化的传承与创新，强调教育体系在文化传承中的关键作用，以及通过完善教育体系和加强人才培养来推动文化持续传承与发展的重要性。

第一节 教育体系中的文化传承

一、将中华优秀传统文化融入课程体系

（一）课程目标设定

1.总体目标

总体目标是使学生通过系统的学习，能够深入理解中华优秀传统文化的精髓，形成对中华文化的认同感和自豪感，进而提升个人的文化素养、道德品质和民族精神。这一目标旨在培养学生的文化自觉和文化自信，为他们成为具有深厚文化底蕴和高度文化自信的新时代人才奠定坚实基础。

2.具体目标

（1）知识维度

学生应掌握中华优秀传统文化的基本知识，包括历史、文学、哲学、艺术等方面的内容；了解中华文化的历史脉络、发展过程和重要成就，认识中华文化的独特性和价值。

（2）能力维度

培养学生的阅读理解能力，使他们能够阅读并理解古文、古诗词等经典文献；发展学生的批判性思维和创新能力，鼓励他们在传统文化的基础上进行创新实践；提升学生的沟通能力和团队协作能力，通过小组合作等方式共同探究传统文化的内涵。

（3）情感态度与价值观维度

激发学生对中华优秀传统文化的兴趣和热爱，培养他们的文化认同感和自豪感；引导学生树立正确的世界观、人生观和价值观，培养高尚的道德品质和民族精神；增强学生的文化自信，使他们能够在多元文化环境中保持对中华文化的自信和坚守。

3.分层目标

针对不同年龄段和学段的学生，可以设定分层目标。

（1）小学阶段

注重培养学生对中华优秀传统文化的感性认识和兴趣，通过故事讲述、游戏互动等方式让学生初步了解中华文化的基本内容和特点。

（2）中学阶段

加强学生对中华优秀传统文化的理性认识和理解，通过经典诵读、历史考察、社会实践等方式深化对中华文化的理解和认同。

（3）高中阶段及高等教育阶段

引导学生深入探究中华优秀传统文化的内涵和价值，培养他们的批判性思维和创新能力，鼓励他们将传统文化元素与现代科技、艺术等相结合进行创新实践。

4. 实现路径

首先，课程内容整合。将中华优秀传统文化融入各学科课程中，形成跨学科的文化传承体系；其次，教学方法创新。采用多样化的教学方法，如情境教学、项目式学习、探究式学习等，激发学生的学习兴趣和主动性；再次，实践活动开展。组织丰富多彩的文化实践活动，如文化考察、民俗调研、传统手工艺制作等，让学生在实践中感受传统文化的魅力；最后，师资队伍建设。加强教师的传统文化素养培训，提升他们的教学水平和能力，确保他们能够胜任传统文化的教学任务。

（二）课程内容构建

1. 确定融入内容的原则

首先，代表性。选择具有代表性的中华优秀传统文化内容，如经典文学、历史典故、哲学思想、传统艺术、民俗风情等，确保学生能够接触到中华文化的精髓；其次，适宜性。根据不同学段学生的认知特点和学科特点，选择适宜融入的中华优秀传统文化内容，确保内容的适切性和有效性；最后，系统性。构建系统的课程体系，确保中华优秀传统文化内容在不同年级、不同学科中有机衔接、相互补充，形成完整的文化传承链条。

2. 具体内容的构建

（1）学科渗透

语文学科：可增加古诗词、古文选读、经典文学等内容，通过诵读、解析、创作等方式，让学生感受中华语言的韵律美和意境美，理解中华文化的深厚底蕴；历史学科：可加强中国历史的教学，特别是古代史部分，通过讲述历史故事、分析历史人物和事件，让学生了解中华文化的历史脉络和发展过程；艺术学科：可在音乐、美术等艺术课程中融入传统音乐、舞蹈、戏曲、书法、国画等内容，通过欣赏、创作和表演等方式，让学生感受中华传统艺术的魅力和韵味；体育学科：引入传统体育项目，如武术、太极、龙舟等，通过体育活动锻炼学生的身体素质，同时传承和弘扬中华体育精神。

（2）专题课程

开设如《中国传统文化概论》《中国古代文学欣赏》《中华书法与绘画》等选修课，供学生根据自己的兴趣和特长选择学习。这些课程可以更加深入地探讨中华优秀传统文化的某一领域或方面。也可组织学生进行文化考察、民俗调研、传统手工艺制作等实践活动，让学生在实践中亲身体验和感受中华优秀传统文化的魅力。这些活动可以增强学生的实践能力和创新能力，同时加深他们对中华文化的理解和认同。

（3）跨学科整合

设计跨学科的综合课程，如《中华文化与现代社会》《传统文化与科技创新》等，通过整合不同学科的知识和技能，让学生从不同角度审视和理解中华优秀传统文化的价值和意义。项目式学习，鼓励学生围绕某一传统文化主题进行项目式学习，如"探索中华传统节日的文化内涵""设计一款融合传统元素的现代产品"等。通过团队合作和自主探究，学生可以在实践中深化对中华文化的理解和应用。

3. 实施策略

（1）教师培训

加强教师的传统文化素养培训，提升他们的教学水平和能力。通过专题讲座、教学研讨等方式，帮助教师深入了解中华优秀传统文化的内涵和价值，掌握有效的教学方法和手段。

（2）资源开发

积极开发和利用传统文化教育资源，如教材、教辅资料、教学视频、网络课程等。同时，加强与校内外合作，共享优质教育资源，为学生提供更加丰富多样的学习材料和平台。

（3）评价反馈

建立科学的评价机制，关注学生的学习过程和成果，及时给予反馈和指导。通过多元化评价方式，如课堂表现、作业完成情况、实践活动参与度等，全面评估学生的文化素养和综合能力。

（三）教学方法与手段

1. 情境教学法

（1）创设历史情境

通过模拟古代社会场景、历史事件或文化习俗，让学生身临其境地感受中华优秀传统文化的魅力。例如，在历史课上，教师可以利用多媒体技术展示古代战争、宫廷生活等场景，让学生仿佛穿越时空，亲身体验历史的厚重感。

（2）情感共鸣

选取具有深刻情感内涵的文学作品、艺术作品或历史故事，引导学生深入剖析其中的情感元素，激发他们的情感共鸣。例如，在文学课上，通过朗诵古诗词、分析诗词中的情感表达，让学生感受古人的情感世界和人生哲学。

2. 互动式教学法

（1）小组讨论与辩论

组织学生进行小组讨论或辩论，围绕中华优秀传统文化中的某个主题或观点展开讨论。这种教学方式能够激发学生的思考，培养他们的批判性思维和口头表达能力。例如，在哲学课上，可以围绕"儒家思想与现代社会"的主题展开讨论，让学生自由发表观点，并进行辩论。

（2）角色扮演

通过角色扮演的方式，让学生扮演古代人物或文化角色，深入理解和体验传统文化的内涵。例如，在戏剧或表演课上，可以排练一段古代戏曲或历史剧，让学生在表演中感受传统文化的韵味和魅力。

3. 实践教学法

（1）实地考察

组织学生参观博物馆、文化遗址、古迹等场所，让他们亲眼看到、亲手触摸到中华优秀传统文化的实物和遗迹。这种教学方式能够增强学生的直观感受，加深他们对传统文化的理解和认同。例如，在历史或地理课上，可以组织学生参观当地的博物馆或文化遗址，进行实地考察学习。

（2）手工制作

通过手工制作传统工艺品或文化产品，让学生亲身体验传统文化的创造过程。这种教学方式能够培养学生的动手能力和创新思维，同时加深他们对传统文化的了解和喜爱。例如，在美术或手工艺课上，可以教授学生制作剪纸、泥塑等传统工艺品。

4. 多媒体与网络技术辅助教学

（1）多媒体教学

利用多媒体技术制作精美的课件和视频资料，将中华优秀传统文化的内容以生动、直观的形式呈现给学生。这种教学方式能够吸引学生的注意力，提高他们的学习兴趣。例如，在语文课上，可以利用多媒体展示古诗词的配乐朗诵和画面场景，让学生更加深入地感受诗词的意境美。

（2）网络教学

利用网络平台和资源开展在线教学和学习活动，如在线课程、网络讨论、虚拟博物馆等。这种教学方式能够打破时间和空间的限制，让学生随时随地都能接触到中华优秀传统文化的知识。同时，还可以通过网络平台组织学生参与线上互动和交流活动，分享学习心得和体会。

5. 跨学科整合教学法

将中华优秀传统文化的内容与其他学科进行整合教学，形成跨学科的文化传承体系。例如，在语文课上学习古诗词时，可以结合历史课中的时代背景进行讲解；在音乐课上欣赏传统音乐时，可以引入舞蹈或戏曲元素进行表演和创作。这种跨学科的教学方式能够帮助学生更加全面地理解和体验中华优秀传统文化的内涵和价值。

（四）评价与反馈

1. 评价原则

多元化：评价应涵盖知识掌握、能力提升、情感态度等多个维度，采用多样化的评价方式，如考试、作业、项目、口头报告、表演等，以全面评估学生的综合素养；过程性：重视学生在学习过程中的表现和努力，通过课堂观察、小组讨论、作业反馈等方式，及时了解学生的学习进展和存在的问题；发展性：评价应关注学生的发展和成长，鼓励学生进行自我评价和同伴评价，培养他们的自我反思和合作学习能力。

2. 评价内容

评估学生对中华优秀传统文化基本知识的掌握程度，包括历史、文学、哲学、艺术等方面的知识；考查学生在分析问题、解决问题、创新思维、批判性思维等方面的能力是否得到提升，特别是在传统文化学习和应用中的能力表现；关注学生对中华优秀传统文化的兴趣、认同感和自豪感等情感态度的发展，以及他们是否愿意主动传承和弘扬中华优秀传统文化。

3. 评价方式

考试与测验，通过定期考试或测验，检验学生对传统文化知识的掌握情况，如闭卷考试、开卷考试、小测验等；作业与项目，布置与传统文化相关的作业和项目，如阅读报告、研究报告、创意作品等，评估学生的独立思考和创新能力；课堂表现，观察学生在课堂上的参与度、发言情况、合作能力等，评估他们的学习态度和学习习惯；自我评价与同伴评价，鼓励学生进行自我评价和同伴评价，培养他们的自我反思能力和团队合作精神。

4. 反馈机制

教师应及时给予学生反馈，指出他们在学习中的优点和不足，帮助他们明确改进方向；针对学生在学习中的具体问题，提供个性化的指导和建议，帮助他们克服学习困难；定期组织学生进行学习总结，回顾自己的学习过程和成果，分享学习经验和感悟；与家长保持密切联系，定期向家长反馈学生的学习情况，共同关注学生的学习和成长。

5. 技术与工具支持

利用在线学习平台，记录学生的学习数据和表现，为教师提供数据分析支持，以便更精准地评估学生的学习情况。借助教育软件，如智能题库、在线测评系统等，提高评价的效率和准确性。将信息技术与传统文化教学相结合，如利用多媒体技术展示传统文化内容，利用虚拟现实技术模拟历史场景等，增强学生的学习体验和兴趣。

（五）师资与资源保障

1. 师资保障

（1）专业师资培养

师范类高校与专业培训，依托师范类高校和一般高校的师范类专业，加强中华优秀传统文化相关专业的师资力量培养。通过系统化的课程设置和教学实践，培养一批具备深厚传统文化素养和教育教学能力的专任教师；引进专业人才，积极引进中华优秀传统文化研究领域的专业人才，包括历史学、文学、哲学、艺术等学科的专家学者，为课程体系提供学术支撑和教学指导。

（2）教师培训与提升

定期培训，定期组织教师进行中华优秀传统文化相关培训，包括专题讲座、研讨会、工作坊等形式，提升教师的文化素养和教学能力；职后教育，将中华优秀传统文化教育培训纳入教师队伍职后教育内容，设立相关考核指标，鼓励教师持续学习和提升。

（3）专兼职结合

专兼职教师队伍，采用专兼职教师队伍结合的方式，确保传统文化类校本课程的师资数量和质量。专职教师主要负责课程开发和教学实施，兼职教师则可以利用其专业特长和实践经验进行辅助教学；校外资源利用，加强与传统文化继承人、校外活动机构等的联系，聘请他们作为兼职教师或教学顾问，丰富教学资源和形式。

2. 资源保障

（1）教材与课程资源

优秀教材编写，组织专家学者编写具有可读性、教育性和时代性的中华优秀传统文化教材，确保教材内容丰富、形式多样、易于理解；课程资源开发，利用现代信息技术手段，开发线上线下相结合的课程资源，包括电子图书、视频课程、虚拟博物馆等，为学生提供丰富的学习材料和互动平台。

（2）教学设施与场地

教学设施建设，投入资金改善教学设施，包括图书馆、多媒体教室、实验室等，确保教师能够利用先进的教学设备进行教学；文化实践场地，与博物馆、文化遗址、古迹等场所建立合作关系，为学生提供实地考察和学习的机会。

（3）资金支持与政策保障

政府资助，争取政府部门的资金支持，用于中华优秀传统文化课程体系的建设和发展；政策扶持，利用教育部门的政策扶持，如将中华优秀传统文化内容纳入课程标准和考试评价体系等，为课程体系提供有力支持。

（4）社会合作与资源共享

校企合作，与企业合作开展文化项目和文化活动，为学生提供实践机会和就业平台；社区参与，鼓励社区参与中华优秀传统文化教育活动，形成学校、家庭、社区共同育人的良好氛围。

通过以上师资与资源保障措施的实施，可以确保中华优秀传统文化课程体系的顺利运行和有效实施，为培养具有深厚文化素养和民族自豪感的青少年学生提供有力支持。

二、校园文化建设中的文化传承与创新

（一）文化传承

1. 传承学校历史

通过校史展览、讲座、课程等形式，让学生了解学校的发展历程、重要事件、杰出校友等，增强学生对学校的认同感和归属感。例如，可以设立校史馆或校史墙，展示学校的历史照片、文物、荣誉证书等。定期举办校庆活动，如校庆日、校友返校日等，通过庆祝活动回顾学校历史，传承学校精神。同时，可以组织师生参与历史剧表演、传统手工艺制作等活动，让学生在实践中感受学校历史的厚重感。

2. 弘扬学校精神

明确并传承学校的办学理念，如"以人为本""全面发展"等，通过日常教学、管理、活动等多种方式，将办学理念渗透到师生心中，形成共同的价值追求。弘扬学校积极向上的精神风貌，如勤奋好学、勇于创新、团结协作等。通过树立典型、表彰先进、开展主题教育活动等方式，引导学生树立正确的价值观和人生观。

3. 强化校风校训

加强校风建设，形成良好的学习风气、纪律风气和道德风气。通过制定并执行严格的规章制度、加强师生管理、开展文明班级评比等方式，推动校风不断优化。校训是学校精神的集中体现，要通过多种渠道和方式传承校训精神。如在校门口、教学楼、图书馆等显著位置悬挂校训标语；在开学典礼、毕业典礼等重要场合诵读校训；在日常教学和管理中践行校训精神等。

4. 丰富文化活动

举办丰富多彩的校园文化活动，如文化艺术节、科技节、体育节等，为学生提供展示自我、锻炼能力的平台。通过活动激发学生的兴趣爱好和创造力，培养他们的文化素养和审美能力。鼓励学生参与各类社团活动，如文学社、音乐社、舞蹈社等。社团活动不仅可以丰富学生的课余生活，还可以培养他们的团队协作能力和社会责任感。

5. 注重环境营造

投入资金改善校园硬件设施，如建设花园式校园、绿化带、文化长廊等。同时，注重细节处理，如设置名人名言展板、悬挂励志标语等，营造积极向上的校园文化氛围。建设图书馆、博物馆、体育馆等文化设施，为学生提供更加丰富的文化资源和活动空间。同时，加强文化设施的管理和维护工作，确保其正常使用和发挥作用。

（二）文化创新

1. 创新办学理念

融合现代教育理念，将传统教育理念与现代教育理念相结合，如强调学生主体性、创新性思维、批判性思考等，形成具有时代特色的办学理念；明确办学特色，根据学校的实际情况和地域特色，明确学校的办学特色，如科技教育、艺术教育、体育教育等，并在教学和管理中充分体现。

2. 创新教学模式

引入信息技术，利用互联网、大数据、人工智能等现代信息技术手段，改革传统教学模式，实现教学内容的数字化、网络化和智能化，提高教学效果；实施项目式学习，鼓励学生参与项目式学习，通过团队合作、自主探究等方式，培养学生的实践能力和创新能力；开展跨学科教学，打破学科壁垒，开展跨学科教学，促进学生知识的综合应用和创新思维的培养。

3. 创新校园文化活动

举办特色文化活动，结合学校特色和时代背景，举办具有鲜明特色的文化活动，如科技文化节、艺术展览、体育比赛等，丰富学生的课余生活，提高学生的文化素养；鼓励学生创新实践，设立创新实验室、创客空间等场所，为学生提供创新实践的平台和机会，鼓励学生参与科技创新、文艺创作等活动；加强社团建设，成立多样化的学生社团，如科技创新社、文学社、艺术团等，通过社团活动培养学生的兴趣爱好和团队协作能力。

4. 创新环境建设

优化校园布局，合理规划校园布局，设置教学区、生活区、运动区等功能区域，营造舒适、和谐的校园环境；加强文化建设，在校园内设置文化长廊、宣传栏、雕塑等景观，展示学校的办学理念和历史文化，营造浓厚的文化氛围；推进智慧校园建设，利用现代信息技术手段，推进智慧校园建设，如建设智能安防系统、智慧图书馆等，提高校园管理的科学性和便捷性。

5. 创新管理机制

完善管理制度，建立健全科学合理的管理制度，涵盖教学管理、德育管理、后勤管理等方面，确保学校各项工作有序进行；实施民主管理，建立家长委员会、教师代表大会等组织，广泛征求师生和家长的意见和建议，增强管理的民主性和透明度；强化考核评估，建立健全校园文化建设考核评估机制，将校园文化建设工作纳入学校年度工作考核内容，确保建设工作取得实效。

（三）文化传承与创新的结合

1. 文化传承是创新的基础

（1）历史积淀的继承

校园文化建设首先要尊重并继承学校的历史积淀，包括学校的办学理念、校训、校风、学风等。这些历史元素是学校文化的精髓，是师生共同的精神家园。

（2）传统文化的弘扬

中华优秀传统文化是校园文化建设的重要资源。学校可以通过开设国学课程、举办传统文化活动等方式，让学生了解和传承中华优秀传统文化，培养他们的民族自豪感和文化自信。

2. 创新是文化传承的活力源泉

（1）现代元素的融入

在传承传统文化的基础上，学校可以积极融入现代元素，如利用现代信息技术手段改革教学模式、创新校园文化活动等，使传统文化更加符合时代要求，更具吸引力和感染力。

（2）创新理念的引领

学校应树立创新理念，鼓励师生敢于尝试、勇于创新。通过设立创新实验室、创客空间等场所，为学生提供创新实践的平台和机会，激发他们的创新潜能和创造力。

3. 文化传承与创新的有机结合

（1）传统与现代的融合

在校园文化建设中，要注重传统与现代的融合。例如，在学校的文化活动中，可以融入传统音乐、戏剧等元素，同时也要引入现代科技元素，如数字展览、虚拟实境等，以满足学生对不同文化形式的需求。

（2）跨学科与跨部门的合作

文化传承与创新的结合需要全校师生的共同努力和协作。学校可以成立校园文化发展工作组，由各个学科和部门的代表组成，共同制定校园文化建设的规划和目标。在具体的文化活动中，可以邀请多个学科和部门的师生共同参与，以实现多元化的文化碰撞和融合。

（3）学生主体性的发挥

学生是校园文化的主体，他们在文化传承与创新中应发挥重要作用。学校可以通过开展各类文化活动和比赛，鼓励学生参与其中，激发他们的创造力和积极性。同时，学校还可以设立学生文化示范团队，由学生自主策划、组织各类文化活动，培养他们的组织能力和领导力。

第二节 专业人才培养

一、传承人的培养与激励机制

（一）传承人的培养机制

1. 教育体系融入

基础教育阶段：在中小学的课程设置中融入传统文化元素，如古诗词、书法、国画、传统节日习俗等，通过课堂教学和课外活动激发学生对传统文化的兴趣。

高等教育与职业教育阶段：在相关学科专业中开设传统文化课程，如历史学、文学、艺术学等，并设置专门的传统文化研究方向或专业，培养具备深厚理论功底和实践能力的专业人才。

终身学习体系：鼓励和支持成年人通过继续教育、社区教育等途径学习传统文化，形成全社会共同参与、终身学习的良好氛围。

2. 师徒传承与技艺培训

对于技艺性强的非物质文化遗产项目，如传统手工艺、戏曲、武术等，采用师徒传承的方式，由经验丰富的老艺人亲自指导年轻传承人，通过口传心授、手把手教学的方式传承技艺；组织定期或不定期的技艺培训班、工作坊等，邀请专家学者和资深传承人进行授课，提高传承人的技艺水平和创新能力；鼓励传承人参与实际项目制作、演出、展览等活动，通过实践锻炼提升技艺和综合素质。

3. 理论研究与学术交流

鼓励传承人及学者对传统文化进行深入研究，挖掘其历史价值、文化内涵和艺术特色，为传承工作提供理论支撑；组织国内外传统文化学术交流活动，如研讨会、论坛、讲座等，促进不同地域、不同领域之间的交流与合作，拓宽传承人的学术视野。

4. 文化认同与情感培养

加强对传承人的文化教育，培养其对传统文化的认同感和自豪感，使其自觉承担起传承传统文化的责任和使命。通过讲述传统文化背后的历史故事、人物传奇等，激发传承人的情感共鸣，增强其对传统文化的热爱和投入。

5. 政策支持与资源保障

制定和实施有利于传统文化传承人培养的政策措施，如资金补助、税收优惠、项目扶持等，为传承人提供良好的政策环境。为传承人提供必要的学习资源、工作场所和设施设备，确保其能够顺利开展传承工作。同时，加强传统文化资源的保护与利用，为传承人提供丰富的素材和灵感来源。

6. 社会参与与舆论引导

鼓励社会各界人士参与传统文化的传承工作，如志愿者服务、捐赠资金或物品等，形成全社会共同关注和支持传统文化传承的良好氛围。通过媒体宣传、网络传播等渠道，积极宣传传统文化传承人的事迹和成就，提高其在社会上的知名度和影响力，营造良好的舆论环境。

（二）传承人的激励机制

1. 政策支持与资金补助

政府制定和实施一系列有利于传统文化传承人的政策措施，如《中华人民共和国非物质文化遗产法》等法律法规的出台，为传承人提供法律保障和政策支持。为传承人提供必要的资金支持，包括生活补助、项目经费等，减轻其经济负担，鼓励其全身心投入传承工作。这些资金补助可以来源于政府财政拨款、社会捐赠等多种渠道。

2. 荣誉表彰与奖励机制

设立专门的奖项，如"中华优秀传统文化传承人奖""非遗保护贡献奖"

等，对在传承工作中做出突出贡献的传承人进行表彰和奖励。通过颁发荣誉证书、授予荣誉称号等方式，提升传承人的社会地位和荣誉感。除荣誉表彰，还可以通过物质奖励的方式激励传承人。例如，为获奖的传承人提供奖金、奖品等实物奖励，或者为其提供更多的展示机会和平台。

3. 平台建设与展示机会

为传承人提供展示其技艺和作品的平台，如举办展览、演出、比赛等活动，让更多人了解和欣赏传统文化。这些平台不仅可以提升传承人的知名度和影响力，还可以为其带来更多的商业机会和合作可能。建立传承人之间的交流平台，如微信群、论坛等，方便他们交流经验、分享心得、共同解决问题。通过交流平台的建立，可以促进传承人之间的互助合作和共同发展。

4. 社会认可与尊重

通过媒体宣传传承人的事迹和成就，提高其在社会上的知名度和影响力。这不仅可以增强传承人的荣誉感和使命感，还可以吸引更多人关注和参与传统文化的传承工作。营造尊重传统文化传承人的社会氛围，让传承人在社会上得到应有的尊重和认可。这可以通过政府、学校、企业等各方面的共同努力来实现，如在学校教育中加强传统文化教育、在企业文化中融入传统文化元素等。

5. 创新发展与市场开拓

鼓励传承人在传承传统文化的基础上进行创新和发展，推出符合时代需求的新产品、新服务。通过创新激励的方式，可以激发传承人的创造力和创新精神，推动传统文化的现代化转型和产业升级。为传承人提供市场开拓的支持和帮助，如协助其参加国内外展览、演出等活动，拓展市场渠道和客户资源。通过市场开拓的方式，可以让更多人了解和接受传统文化产品，为传承人带来更多的经济收益和发展机遇。

二、文化创意产业人才的培育

（一）课程设置与实践教学

在高等教育阶段，开设与文化创意产业相关的专业课程，如文化产业管理、创意设计、数字媒体艺术等，将中华优秀传统文化融入课程内容，使学生掌握传统文化精髓的同时，具备现代文化创意产业所需的知识和技能。在职业教育和继续教育领域，也设置相应的培训课程，为从业人员提供持续学习和提升的机会。加强实践教学环节，通过校企合作、项目合作等方式，为学生提供参与文化创意项目策划、设计、制作等实践机会，增强学生的实践能力和创新能力。

（二）创意孵化与产业对接

1. 创意孵化

创意孵化是指为具有创意想法和文化底蕴的创业者或项目提供一系列的支持和服务，帮助他们将创意转化为可实施的项目或产品。这一过程通常包括：创意激发与筛选。通过举办创意大赛、工作坊、讲座等活动，激发创作者的灵感，收集并筛选具有市场潜力和文化价值的创意项目；专业指导与培训。为入选的创意项目提供专业的指导和培训，包括市场分析、产品设计、营销策略等方面的内容，帮助创业者提升项目实施的可行性和成功率；资金与资源支持。设立专项基金或吸引社会资本投资，为创意项目提供必要的资金支持。同时，整合政府、学校、企业等各方资源，为项目提供场地、设备、技术等资源支持；四项目孵化与试运营，在孵化基地或园区内，为项目提供物理空间和管理服务，帮助创业者进行项目孵化和试运营。通过不断地试错和优化，使项目逐渐成熟并具备市场竞争力。

2. 产业对接

产业对接是指将孵化成熟的创意项目与相关行业或市场进行对接，推动项目的产业化发展和市场应用。这一过程主要包括：一市场调研与分析，对目标市场进行深入调研和分析，了解市场需求、竞争格局和消费者偏好等信息，为项目的市场定位和推广策略提供依据；二平台建设与推广，建立或利用现有的产业化平台，如文化创意产业园区、电商平台等，为项目提供展示、交易和服务的窗口。同时，通过线上线下相结合的方式，加强项目的宣传推广和市场拓展；三积极寻求与相关行业或企业的合作机会，通过合作实现资源共享、优势互补和互利共赢。例如，与旅游、教育、科技等行业进行合作，将传统文化元素融入其中，开发出具有市场竞争力的文化产品和服务；四政策引导与支持，政府通过制定和实施一系列有利于文化创意产业发展的政策措施，如税收优惠、资金补助等，为项目的产业化发展提供政策支持和保障。同时，加强产业规划和引导，推动文化创意产业与相关产业的融合发展。

（三）政策扶持与资金补助

1. 政策扶持

（1）产业规划与政策引导

各级政府制定并实施了文化创意产业发展规划，明确了中华优秀传统文化创意产业的发展方向和目标。出台了一系列支持政策，如《关于加快本市文化创意产业创新发展的若干意见》等，为人才培养提供了政策保障。

（2）人才培养体系构建

推动高校与科研院所、文化企业等合作，建立产学研用一体化的培养模式；鼓励开设中华优秀传统文化相关课程和专业，加强实践教学和创新能力培养；支持建设文化创意产业实训基地和孵化平台，为人才提供实践机会和创业支持。

（3）人才引进与激励机制

实施人才引进计划，吸引国内外优秀人才投身于中华优秀传统文化创意产业；建立激励机制，对在文化创意产业中作出突出贡献的人才给予表彰和奖励。

（4）文化遗产保护与传承

加强对历史文化遗产及非物质文化遗产的保护力度，修复和利用历史建筑、文物等资源；推动文化遗产的创造性转化和创新性发展，为文化创意产业提供丰富的素材和灵感来源。

2. 资金补助

（1）财政资金支持

设立文化创意产业发展基金，为中华优秀传统文化创意产业人才培养提供资金保障。通过无偿资助、贷款贴息等方式，对符合条件的文化创意企业和项目进行扶持。

（2）专项资金支持

针对特定领域或项目，设立专项资金进行重点支持。例如，对中华优秀传统文化创意产业中的关键技术研发、原创内容制作、知识产权保护等给予专项资金支持。

（3）社会资本引入

鼓励社会资本参与中华优秀传统文化创意产业人才培养，通过风险投资、投贷联动等方式为人才提供资金支持。推动文化创意产业与银行、保险等金融机构的合作，提供多元化的融资和金融服务。

3. 具体措施

（1）人才培训与交流

组织文化创意产业人才培训班、研讨会等活动，提高人才的专业技能和创新能力。同时，加强国际交流与合作，引进国外先进的人才培养理念和模式。

（2）支持创新产品开发

设立创新基金，资助文化创意企业进行创新产品的开发，特别是在中华优秀传统文化创意产品方面的研发和设计。

（3）知识产权保护

加强对文化创意产业知识产权的培训和咨询服务，提升从业者的知识产权保护意识和能力。同时，加大对侵权行为的打击力度，维护产业的良好秩序和健康发展。

（四）国际交流与合作

1. 国际交流平台的搭建

多边合作平台，设立国际文化创意产业合作组织或论坛，吸引各国文化精英、学者和业界代表参与，共同探讨文化创意产业的发展趋势、人才培养策略等议题；文化交流项目，鼓励和支持文化交流项目的开展，如国际文化节、艺术展览、学术研讨会等，为各国文化创意人才提供展示和交流的平台。

2. 人才培养的国际合作

联合培养项目，与国外知名高校、研究机构或文化企业合作，开展联合培养项目，共同制定人才培养方案，实现课程互认、学分互换等，提升学生的国际视野和跨文化交流能力；海外研修与实习，资助学生赴海外进行短期或长期的研修学习，参与国际文化创意企业的实习项目，了解国际市场的运作模式和先进经验。

3. 国际资源的共享与利用

数字文化资源共享，整合各国的数字文化资源，建立共享平台，促进优秀文化资源的跨国界传播和利用。这有助于拓宽学生的知识视野，激发其创意灵感；国际专家与师资引进，邀请国际知名专家、学者和业界精英来华授课、讲座或担任导师，为学生提供与国际接轨的教育资源和指导。

4. 国际合作项目的实施

共同研发项目，与国外合作伙伴共同开展文化创意产品的研发项目，结合双方的优势资源，打造具有国际市场竞争力的文化产品；市场推广与合作，利用国际合作伙伴的市场渠道和资源优势，共同推广中华优秀传统文化创意产品，提升其国际知名度和影响力。

5. 政策与机制保障

政府出台相关政策，鼓励和支持文化创意产业的国际合作与交流，为人才培养提供政策保障；建立完善的国际合作与交流机制，包括合作协议的签订、项目管理、资金保障等方面的制度安排，确保合作项目的顺利实施。

（五）人才评价与激励机制

1. 人才评价体系

（1）多元化评价标准

专业能力：评估人才在中华优秀传统文化领域的专业知识、技能水平及创新能力；文化素养：考察人才对中华优秀传统文化的理解、认同及传承能力，包括文化感知、艺术修养等方面；实践能力：重视人才的实践经验和实际操作能力，如项目策划、产品设计、市场营销等；国际视野：鼓励人才具备跨文化交流能力和国际竞争力，了解国际文化创意产业的发展趋势。

（2）多维度评价方法

定性与定量相结合，采用案例分析、作品展示、面试交流等方式进行定性评价，同时结合考试成绩、项目成果等量化指标进行综合评价；同行评审与专家评价，邀请行业专家、学者及资深从业者对人才进行评审，确保评价的权威性和公正性；自我评价与反馈机制，鼓励人才进行自我评估，并建立反馈机制，及时了解个人优劣势及改进方向。

2. 激励机制

（1）薪酬激励

提供具有竞争力的薪酬待遇，吸引和留住优秀人才。根据人才的能力、贡献及市场价值确定薪酬水平，实现薪酬与绩效挂钩。

（2）职业发展激励

为人才提供广阔的职业发展空间和晋升机会，鼓励其不断学习和成长。设立明确的职业晋升路径和评价标准，让人才看到个人发展的前景和希望。

（3）荣誉与奖励

对在文化创意产业中作出突出贡献的人才给予表彰和奖励，如设立"文化创意产业杰出人才奖""文化传承创新奖"等。通过荣誉和奖励的形式激发人才的荣誉感和归属感。

（4）培训与学习机会

提供丰富的培训和学习资源，帮助人才不断提升自身能力和素质。包括国内外交流学习、专业培训课程、在线学习资源等。鼓励人才参与行业研讨会、论坛等活动，拓宽视野和思路。

（5）创业支持

为有志于创业的文化创意人才提供创业指导和支持，包括创业培训、资金扶持、项目孵化等。降低创业门槛和风险，鼓励更多人才投身文化创意产业创业大潮中。

3. 实施效果与持续优化

（1）实施效果评估

定期对人才评价与激励机制的实施效果进行评估，了解人才满意度和反馈意见。根据评估结果及时调整和优化评价标准和激励措施，确保其针对性和有效性。

（2）持续优化与创新

紧跟文化创意产业的发展趋势和市场需求变化，不断创新和完善人才评价与激励机制。引入先进的评价理念和方法手段，如大数据分析、人工智能等技术手段，提高评价的准确性和科学性。同时注重激励机制的多样性和灵活性，满足不同层次、不同类型人才的需求和期望。

第三节 终身教育体系中的文化传承

一、终身学习理念下的文化传承

（一）终身学习的内涵

1. 定义与核心理念

终身学习是指社会每个成员为适应社会发展和实现个体发展的需要，贯穿于人的一生的持续学习过程。简而言之，就是"活到老，学到老"或"学无止境"。终身学习强调学习是一个连续不断、贯穿一生的过程，它不受时间、地点和形式的限制，旨在通过持续的学习来提升个人素养、适应社会变化并实现个人价值。

2. 主要特点

（1）终身性

终身学习突破了传统教育体系的界限，将学习视为一个从生到死的持续过程。它不仅仅局限于学校教育阶段，而是涵盖了人生的各个阶段和领域。

（2）全民性

终身学习面向全体社会成员，无论年龄、性别、职业、社会地位如何，每个人都有权利和能力进行终身学习。这种全民性体现了教育的公平性和普及性。

（3）广泛性

终身学习的内容广泛多样，既包括专业知识技能的学习，也包括思想道德、文化修养、身心健康等方面的提升。同时，它涵盖了正规教育、非正规教育和非正式学习等多种形式。

（4）灵活性

终身学习强调学习的灵活性和个性化。每个人可以根据自己的兴趣、需求和条件选择适合自己的学习方式和内容。这种灵活性使得学习更加贴近个人实际和生活需求

3. 内涵要素

（1）学会学习

终身学习要求人们具备自主学习的能力和习惯，能够不断更新知识、提升技能并适应社会变化。这包括掌握学习方法、培养学习兴趣和动力以及形成良好的学习习惯等。

（2）学会求知

求知是终身学习的核心动力之一。在知识爆炸的时代背景下，人们需要不断追求新知识、新技能和新观念以应对复杂多变的社会环境。这种求知欲将推动人们持续学习和进步。

（3）学会做事

终身学习不仅关注知识技能的掌握还注重实践能力的培养。通过参与各种实践活动和社会工作人们可以锻炼自己的实践能力、创新能力和团队协作能力等从而更好地适应社会发展需求并实现个人价值。

（4）学会共处

在全球化和社会化的背景下人们需要学会与他人和谐相处、共同进步。终身学习强调培养人们的社交能力和团队协作精神使人们能够在多元化的社会环境中建立良好的人际关系并共同推动社会进步。

（5）学会做人

终身学习的最终目标是培养全面发展的人。这要求人们在追求知识技能的同时还要注重道德修养和人格塑造。通过不断学习和实践人们可以树立正确的世界观、人生观和价值观形成健全的人格和品质。

4. 意义与价值

终身学习对于个人和社会发展具有重要意义和价值。它能够使人们不断适应社会发展需求提升自身竞争力并实现个人价值；同时也有助于推动社会进步和文明发展促进人类社会的可持续发展。

（二）文化传承的重要性

1. 维护文化多样性

文化传承是维护文化多样性的重要手段。世界上存在着丰富多彩的文化形态，每一种文化都是人类智慧的结晶，承载着特定的历史记忆、价值观念、审美观念和生活方式。通过文化传承，这些独特的文化元素得以保留和传递，使得文化多样性得以维护和发展。这种多样性不仅丰富了人类的文化宝库，也促进了不同文化之间的交流和互鉴，推动了全球文化的繁荣。

2. 增强民族认同感和凝聚力

文化传承对于增强民族认同感和凝聚力具有不可替代的作用。文化是一个民族的灵魂和根基，它通过代代相传的方式将民族的历史、传统、价值观和信仰等传递给后代。这种传承过程不仅加深了人们对本民族文化的了解和认同，也培养了人们的民族自豪感和归属感。在共同的文化背景下，人们更容易形成共识和团结，从而增强民族的凝聚力和向心力。

3. 促进文化创新与发展

文化传承不是简单的复制和模仿，而是在继承中不断创新和发展的过程。在传承过程中，人们会根据时代的需求和自身的理解对传统文化进行解读和重构，使其更加符合现代社会的价值观念和生活方式。这种创新不仅赋予了传统文化新的生命力和活力，也推动了文化的不断发展和进步。同时，文化传承也为文化创新提供了丰富的资源和灵感源泉，促进了文化创新能力的不断提升。

4.构建人类命运共同体

文化传承在构建人类命运共同体中发挥着重要作用。在全球化的背景下，不同文化之间的交流和互鉴日益频繁，但也面临着文化冲突和融合的挑战。通过文化传承，我们可以更好地理解和尊重不同文化的差异性和独特性，促进不同文化之间的对话和合作。这种对话和合作有助于增进各国人民之间的友谊和信任，推动全球治理体系的完善和变革，为构建人类命运共同体奠定坚实的基础。

5.传承人类智慧和精神财富

文化传承是人类智慧和精神财富的重要载体。在漫长的历史长河中，人类创造了丰富多彩的文化成果，包括哲学思想、文学艺术、科学技术、道德伦理等方面。这些文化成果不仅是人类智慧的结晶，也是人类精神家园的重要组成部分。通过文化传承，我们可以将这些宝贵的文化遗产传递给后代，让他们能够继续汲取人类智慧和精神财富的营养，为人类的未来发展贡献智慧和力量。

（三）终身学习在文化传承中的作用

1.提供持续学习的机会

（1）深入理解传统文化

终身学习为我们提供了持续深入了解传统文化的机会。传统文化犹如一座宝库，其中蕴含着无数的珍宝，包括历史、哲学、文学、艺术等多个方面的知识。通过终身学习，我们可以系统地学习这些知识，深入了解传统文化的起源、发展和演变，从而更加全面地把握传统文化的精髓。

（2）拓宽学习渠道

终身学习不仅仅局限于学校教育，它还包括了自学、网络学习、社区教育等多种形式。这些多元化的学习渠道使得人们可以随时随地获取传统文化的学习资源，进一步拓宽了学习传统文化的途径。

2.培养批判思维和创新意识

（1）批判性思维

在传承文化的过程中，终身学习有助于培养我们的批判性思维。通过不断学习，我们能够接触到不同的思想和观点，学会从不同角度审视传统文化，对其中的糟粕进行批判和摒弃，保留和发扬其精华部分。

（2）创新意识

同时，终身学习还能够激发我们的创新意识。在传承传统文化的基础上，我们可以结合时代的需求和特点，对传统文化进行创新和发展。比如，利用现代数字技术展示传统文化的魅力，通过创意设计将传统文化元素融入现代产品中，使传统文化在当代社会中焕发出新的活力。

3. 促进文化交流与融合

（1）增进对多元文化的理解

在全球化的背景下，终身学习使我们能够接触到不同国家和民族的文化，了解其独特之处和差异性。通过学习和交流，我们可以增进对多元文化的理解和尊重，促进不同文化之间的交流和融合。

（2）跨文化传播

终身学习还促进了跨文化的传播。在掌握自己民族文化的基础上，我们还可以通过学习其他文化来丰富自己的文化素养和视野。同时，我们也可以将自己的文化传播给其他人，让更多的人了解和认同我们的文化。

4. 培养文化传承创新人才

（1）提升个人素质

终身学习能够提升个人的综合素质和专业能力，包括文化素养、知识储备、技能水平等方面。这些素质的提升使得人们更加具备传承和创新文化的能力。

（2）传承创新队伍建设

通过终身学习，我们可以培养出一大批有热情、有能力、有责任感的文化传承创新人才。这些人才将在文化领域发挥重要作用，推动传统文化的传承和创新发展。

5. 推动文化传承机制的完善

（1）政策支持

终身学习理念的普及和推广得到了政策层面的支持。政府通过制定相关政策来鼓励人们进行终身学习，并加大对文化传承的支持力度。这些政策为文化传承提供了有力保障。

（2）社会参与

终身学习还促进了社会各界的广泛参与。学校、社区、企业等各个领域都积极参与到文化传承中来，形成了全社会共同关注和支持文化传承的良好氛围。

二、社区教育与文化传承的结合

（一）社区教育在文化传承中的角色

1. 文化传播的桥梁

（1）广泛覆盖的受众群体

社区教育以社区为单位，面向全体居民开展教育活动，涵盖了不同年龄段、不同职业背景的人群。这种广泛的受众覆盖使得传统文化能够深入社区，触达更广泛的群体，从而实现更有效的文化传播。

（2）多样化的传播方式

社区教育通过举办讲座、展览、文化活动等多种形式，将传统文化以直观、生动的方式呈现给居民。这些活动不仅丰富了居民的文化生活，也激发了他们对传统文化的兴趣和热爱，促进了传统文化的传播和普及。

2. 文化教育的阵地

（1）系统化的教育内容

社区教育根据居民的需求和兴趣，设计了一系列与传统文化相关的教育课程和活动。这些课程和活动涵盖了传统文化的多个方面，如历史、文学、艺术、民俗等，为居民提供了系统学习传统文化的机会。

（2）灵活多样的教学方式

社区教育采用灵活多样的教学方式，如线上教学、线下实践、互动体验等，以满足不同居民的学习需求。这种教学方式不仅提高了教学效果，也增强了居民的学习体验和参与度，进一步推动了传统文化的传承和发展。

3. 文化创新的平台

（1）激发创新思维

社区教育鼓励居民在学习传统文化的基础上，发挥创新思维，对传统文化进行创造性转化和创新性发展。通过举办创意比赛、文化节等活动，激发居民的创作热情，推动传统文化的创新和发展。

（2）促进文化融合

社区教育还促进了不同文化之间的交流与融合。在全球化背景下，社区教育积极引入外来文化元素，与传统文化相结合，形成独具特色的文化景观。这种文化融合不仅丰富了社区文化的内涵，也促进了文化的多样性和包容性。

4. 文化认同的强化

（1）增强民族自豪感

社区教育通过讲述传统文化的故事、展示传统文化的魅力，激发了居民的民族自豪感和文化自信心。这种认同感使得居民更加珍视和传承自己的文化遗产，为文化的传承和发展提供了坚实的群众基础。

（2）促进社会和谐

社区教育还通过文化活动等形式，促进了社区居民之间的交流和互动，增强了社区的凝聚力和向心力。这种社会和谐氛围为传统文化的传承和发展提供了良好的社会环境和条件。

（二）文化传承在社区教育中的体现

1. 教育内容的丰富性

（1）传统文化的融入

社区教育在教育内容的选择上，积极融入中华优秀传统文化，如历史故事、传统节日、民俗艺术、诗词歌赋等。这些传统文化元素不仅丰富了社区教育的内涵，也为居民提供了了解和学习传统文化的机会。

（2）地域文化的特色

社区教育还注重挖掘和传承地域文化，将本地特有的文化元素融入教育活动中。这种地域文化的传承不仅增强了居民对社区的认同感和归属感，也促进了地方文化的繁荣和发展。

2. 教育形式的多样性

（1）多样化的教学活动

社区教育通过举办讲座、展览、文化活动、手工艺制作等多种形式的教学活动，将传统文化以直观、生动的方式呈现给居民。例如，组织居民参与书法、国画、剪纸等传统手工艺的学习，或者举办传统节日庆祝活动，让居民在参与中感受传统文化的魅力。

（2）线上线下的融合

随着科技的发展，社区教育还积极探索线上线下的融合模式。通过线上平台提供传统文化学习资源，如在线课程、电子书籍等，方便居民随时随地进行学习；同时，线下活动则注重实践和体验，让居民在互动中深化对传统文化的理解和认识。

3. 教育主体的多元性

（1）社区教育者的作用

社区教育工作者在文化传承中发挥着重要作用。他们不仅是传统文化的传播者，也是创新者。他们通过设计丰富多样的教育活动，引导居民参与传统文化的学习和实践，同时注重传统文化的创新和发展。

（2）居民的参与

居民是社区教育的主体，也是文化传承的重要力量。他们通过参与社区教育活动，不仅学习了传统文化知识，还成了传统文化的传承者和弘扬者。例如，一些居民通过学习传统手工艺后，开始在家中制作并销售相关产品，既丰富了自己的生活，也促进了传统文化的传播和发展。

4. 教育效果的持久性

（1）文化认同感的增强

通过社区教育对传统文化的传承和弘扬，居民对传统文化的认同感逐渐增强。他们开始更加珍视和尊重自己的文化遗产，愿意为传统文化的传承和发展贡献自己的力量。

（2）文化的代际传承

社区教育还促进了文化的代际传承。通过家庭教育、学校教育和社会教育的有机结合，传统文化得以在不同年龄段的人群中传承和发展。年轻一代在接触和学习传统文化的过程中，不仅增长了知识，也培养了对传统文化的兴趣和热爱。

（三）社区教育与文化传承结合的案例

以广东省东莞市南城街道白马社区为例，该社区通过"白马故事馆"

社区文化保育项目，将社区教育与文化传承紧密结合在一起。该项目以文化传承为切入点，为白马社区居民提供多元化服务，提升居民对社区文化的关注度和参与度。通过整理社区历史文化资产、开展口述历史小组、组织传统文化创意活动等方式，使传统文化在社区中得到了有效的传承和发展。

1. 背景介绍

白马社区地处东莞市南城街道南端，是一个拥有 740 余年历史的街区，历史文化底蕴深厚。社区内保留着许多清朝时期的古井和新中国成立初期的建筑，还有东莞最大的宗祠——李氏大宗祠。近年来，白马社区致力于通过社区教育推动文化传承，取得了显著成果。

2. 社区教育与文化传承结合的具体措施

（1）研发"白马故事馆"社区文化保育项目

东莞市鹏星社会工作服务社驻白马社区综合服务中心的社工，根据社区治理方向及需求，研发了"白马故事馆"社区文化保育项目。该项目旨在通过文化传承促进社区文化保育及创新传承，为"五善社区"的打造提供平台。项目以文化传承为切入点，为白马社区居民提供个人、家庭、群体、社区等层面的多元化服务。通过整理社区历史文化资产，以社区文化立体地图、故事册等形式呈现，让居民更直观地了解社区文化。

项目提升了居民对社区文化的关注度和参与度，增强了居民对社区的认同感和归属感，使社区更加凝聚、团结。

（2）开展多样化的文化教育活动

口述历史小组。项目开展了"我与白马的故事"社区长者口述历史小组，邀请社区长者与儿童青少年面对面交流，讲述社区的历史故事。这种方式不仅让年轻一代了解了社区的历史，也增强了他们对社区文化的认同感。

传统文化创意小组。项目还结合"五社联动"机制，发掘社区社会组织的力量，开展了"走近白马"传统文化创意手绘小组、"传承经典文化，书写笔墨馨香"白马儿童硬笔书法小组等活动。这些活动以传统文化为主题，通过绘画、书法等形式，让居民在实践中感受传统文化的魅力。

亲子传统美食制作活动。项目着重撬动社区社会组织中的妇女力量，通过亲子传统美食制作活动推广本土传统美食。这些活动不仅让居民了解了本土美食的制作方法，也弘扬了社区传统美食文化。

（3）建立文化志愿服务队

白马社区积极培育社区文化导赏志愿者，重点发动家中有历史建筑和旧物、有丰富知识的老年人作为社区导赏志愿者。通过培训，这些志愿者能够为前来参观的人员介绍社区历史文化。志愿者们带领居民参观李氏大宗祠、古井等历史遗迹，讲述背后的历史故事。这种亲身体验的方式让居民更加深刻地了解了社区文化。

文化传承效果显著，通过一系列的文化教育活动和文化志愿服务活动，白马社区成功地将传统文化融入居民的日常生活中，提升了居民的文化素养和认同感；社区凝聚力增强，文化传承活动的开展增强了社区的凝聚力，使居民更加团结和谐。白马社区因其在文化传承方面的突出表现获得了多项荣誉，如全国最美志愿服务社区等称号。

（四）社区教育与文化传承结合的意义

1. 促进传统文化的传承与发展

社区教育作为文化传播的重要渠道，通过举办各类文化活动、开设传统文化课程等方式，将传统文化的精髓传递给社区居民，特别是年轻一代，确保传统文化得以延续和发展。社区教育将复杂的传统文化知识以简单易懂的方式呈现给居民，提高了居民对传统文化的认识和了解，促进了传统文化的普及。

2. 增强社区凝聚力与归属感

共同文化认同，通过共同参与传统文化的学习和传承，社区居民之间形成了共同的文化认同和归属感，增强了社区的凝聚力和向心力；文化传承活动促进了居民之间的交流和互动，加深了彼此的理解和尊重，有助于构建和谐的社区环境。

3. 推动文化创新与多样性

社区教育鼓励居民在传承传统文化的基础上进行创新，将传统文化与现代元素相结合，创造出具有时代特色的新文化产品，推动了文化的创新发展；文化多样性，不同地区、不同社区的传统文化各具特色，社区教育在传承本社区文化的同时，也促进了与其他社区文化的交流和学习，丰富了文化的多样性。

4. 提升居民文化素养与生活质量

文化素养提升，通过参与社区教育中的文化传承活动，居民的文化素养得到了提升，不仅丰富了精神生活，也提高了自身的综合素质；生活质量改善，文化传承活动为社区居民提供了丰富多彩的文化生活选择，满足了居民的精神文化需求，提升了居民的生活质量和幸福感。

5. 促进社区可持续发展

文化传承与教育融合，社区教育将文化传承与教育紧密结合，为社区的可持续发展提供了文化支撑和智力支持；社区品牌建设，具有特色的文化传承活动可以成为社区的品牌，吸引更多的关注和支持，为社区的经济发展和社会进步注入新的活力。

第六章 国际视野下的中华优秀传统文化传承与创新

　　本章深入探讨了在全球化背景下，中华优秀传统文化如何跨越国界，在国际舞台上展现其独特魅力，以及如何通过国际合作与交流提升中华文化的国际影响力。首先概述中华文化在国际传播的现状，包括文化产品出口、国际文化交流活动、海外孔子学院等载体和平台的作用。通过具体案例和数据分析，展示了中华文化在国际上的广泛传播和深远影响；聚焦于中华文化传承与创新中的国际合作与交流机制。探讨政府间、民间组织、学术界以及文化产业界等不同层面在推动中华文化国际传播中的合作模式和成功案例，不仅促进了文化资源的共享与互补，还加深了各国人民对中华文化的理解和尊重，强调跨文化交流的重要性，提倡在尊重文化多样性的基础上，推动不同文化之间的对话与融合；从文化软实力的角度分析了中华文化的国际影响力，探讨中华文化如何通过提升文化软实力，来增强其在国际事务中的话语权和影响力，指出在提升文化软实力过程中面临的挑战和应对策略，如加强文化创新、提高文化产品质量、加强文化人才培养等。不仅展示了中华文化在国际上的广泛传播和深远影响，还揭示了国际合作与交流在推动文化传承与创新中的重要作用，以及提升文化软实力对于增强中华文化国际影响力的关键作用。

第一节 中华文化在国际上的传播与影响

一、中华文化海外传播的现状与趋势

（一）中华文化海外传播的现状

1. 传播主体与平台多样化

（1）传播主体多样化

政府部门和官方媒体在中华文化海外传播中发挥着核心作用。例如，中央广播电视总台、新华社和《人民日报》等主流媒体通过海外社交媒体平台积极传播中华文化，其海外传播力位列前茅。官方机构通过举办文化节、博览会、书展、电影节、旅游推介会等活动，以及建立海外分社和新闻信息采集网络，实现中华文化的多渠道、多层次传播。

民间组织、海外留学生、访问学者及文化传播者等也成为中华文化海外传播的重要力量。他们通过自媒体、短视频等平台，以更加灵活和贴近受众的方式传播中华文化。这些非官方传播主体往往具备对中华文化的深刻认知和热爱，能够把握中华文化的精髓，并以跨文化的方式与国际受众进行有效沟通。

企业在中华文化海外传播中的作用日益凸显。一些企业通过跨国经营和文化交流活动，将中华文化与企业文化相结合，推动中华文化的国际传播。例如，一些影视制作公司和文化企业通过与国外机构合作，共同制作和推广具有中华文化元素的影视作品和文化产品，提升中华文化的国际知名度。

（2）传播平台多样化

社交媒体平台成为中华文化海外传播的重要阵地。国内主流媒体机构在 Facebook、YouTube、Instagram 等海外社交媒体平台上运营大量账号，通过发布图文、视频等内容，吸引国际受众关注。这些平台不仅提供了丰富的传播渠道，还通过算法推荐等方式，将中华文化传播给更广泛的受众群体。

数字技术和新媒体的快速发展为中华文化的海外传播提供了新机遇。通过虚拟现实（VR）、增强现实（AR）、短视频等新技术手段，中华文化的呈现方式更加多样化和生动化。例如，一些博物馆和文化机构利用VR 技术制作虚拟展览，让国际受众足不出户就能领略中华文化的魅力；短视频平台则通过短视频形式传播中华文化的精彩瞬间和独特魅力。

尽管数字技术和新媒体在中华文化海外传播中占据重要地位，但传统传播媒介如报纸、杂志、广播和电视等仍然发挥着重要作用。这些传统媒介通过国际发行和合作传播等方式，将中华文化传播到世界各地。同时，它们也积极拥抱新技术和新平台，实现传统与现代的有机结合。

2. 传播内容与形式创新化

（1）传播内容的创新

文化多样性展现。中华文化海外传播的内容日益丰富多样，涵盖了文学、艺术、历史、哲学、科技、美食、武术等多个领域。例如，唐诗宋词元曲等文学经典、中华传统哲学思想经典(《论语》《中庸》《道德经》《庄子》等）、中华医药、中华美食、中华武术、中国园林、中国节日以及中国"非物质文化遗产"等都被广泛传播。特别是近年来，一些具有中国特色的新兴文化元素，如网络文学、微短剧、国风科幻游戏等，也成为中华文化海外传播的新亮点。

时代精神融入。在传播内容上，注重将中华优秀传统文化与当代中国的社会现实和发展成就相结合，展现中华文化的时代精神和现代价值。例如，通过讲述中国现代化建设的成就、科技创新的故事、社会民生的改善等，让国际社会更加全面、真实地了解中国。

（2）传播形式的创新

新媒体技术的运用。随着数字技术、移动互联及新媒体技术的快速发展，中华文化海外传播的形式也日益多样化。除了传统的书籍、报刊、电视等媒体外，还广泛运用社交媒体、短视频平台、直播平台等新媒体渠道进行传播。例如，中国网络文学通过其独特的叙事风格、丰富的题材和灵活的创作方式，成为全球文化产业中一股不可忽视的力量。2023 年，中国网络文学的全球影响力进一步拓展，海外访问用户达 2.3 亿，日均阅读时长 90 分钟。

文化活动的创新。通过举办各种形式的文化节、博览会、书展、电影节、旅游推介会等活动，推动中华文化的海外传播。这些活动不仅展示了中华文化的魅力，还促进了中外文化的交流与互鉴。例如，"你好！中国"元宵灯会全球联动直播活动，通过直播形式将中国的传统文化元素展现给全球观众，实现了中华文化的广泛传播和深入交流。

跨文化传播项目的实施。实施了一系列跨文化传播项目，如中外联合考古、文化遗产保护修复、文物进出境展览等，促进了不同文化之间的交流与互鉴。这些项目不仅加深了国际社会对中华文化的了解和认识，还推动了中华文化的国际传播和影响力提升。

3. 传播效果与影响力显著提升

（1）粉丝规模扩大

海外社交媒体平台上，中国主流媒体机构的粉丝规模持续扩大。以中央广播电视总台、新华社和人民日报为代表的国内主流媒体机构，在海外社交媒体平台上均表现出色，位列海外传播力前列。这些机构通过多语种精准传播战略，成功吸引了大量国际受众的关注和订阅。

（2）高影响力作品涌现

一批具有中华文化特色的高影响力作品在国际上崭露头角。例如，由中央电视广播总台、上影集团等多方联合出品的电视剧《繁花》，在国际专业影视剧评分网站 IMDB 上获得高分评价，并引发国际市场对国产剧的全新期待。此外，一些具有中国元素的影视作品、综艺节目和原创音乐等也在海外获得了广泛关注和好评。

（3）国际影响力增强

随着中华文化的海外传播效果显著提升，其国际影响力也不断增强。越来越多的国际组织和国家开始关注和认可中华文化的价值和魅力。在国际舞台上，中华文化成为展示中国形象、传播中国声音的重要载体和桥梁。

4. 国际合作与交流不断深化

（1）政府间合作项目的增加

随着全球化进程的加速，各国政府之间的文化交流与合作项目日益增多。中国政府积极与世界各国政府签订文化合作协议，共同推动文化交流和合作项目的实施。这些项目涵盖了教育、艺术、文化遗产保护等多个领域，为中华文化的海外传播提供了坚实的政策支持和保障。

（2）文化机构的国际联动

中国的文化机构如博物馆、图书馆、艺术团体等与国际上的文化机构建立了广泛的联系和合作。通过共同举办展览、演出、研讨会等活动，中国的文化机构得以在国际舞台上展示中华文化的独特魅力，同时也学习借鉴其他国家的先进经验和技术，提升自身的国际影响力和竞争力。

（3）教育领域的合作深化

教育领域是中华文化海外传播的重要阵地。中国与多个国家的教育机构开展了深入的合作，共同推动汉语国际教育、中华文化课程等项目的实施。孔子学院作为汉语国际推广和中国文化传播的重要平台，在全球范围内迅速发展，成为连接中国与世界的重要桥梁。此外，中国还积极与海外高校合作，共同培养具有国际视野的中华文化传播人才。

（4）媒体与数字技术的国际合作

在媒体与数字技术快速发展的今天，中华文化的海外传播也充分利用了这些新兴技术。中国媒体机构与国际媒体机构开展合作，共同制作和推广具有中华文化特色的节目和内容。同时，利用数字技术如虚拟现实（VR）、增强现实（AR）等，为海外受众提供更加沉浸式的中华文化体验。这些合作不仅提升了中华文化的传播效果，也推动了媒体和数字技术的创新与发展。

（5）民间文化交流活动的活跃

除了政府间和机构间的合作外，民间文化交流活动也是中华文化海外传播的重要组成部分。中国民间团体、艺术家、学者等积极参与国际文化交流活动，通过展览、演出、讲座等形式向海外受众介绍中华文化。这些活动不仅增进了中外人民之间的友谊和相互了解，也提升了中华文化的国际知名度和影响力。

（6）国际组织的参与与推动

国际组织在中华文化海外传播中也发挥了重要作用。联合国教科文组织、世界文化遗产委员会等国际组织积极支持中国的文化遗产保护和文化交流活动，为中国与其他国家之间的文化交流与合作提供了广阔的平台和机会。

（二）中华文化海外传播的趋势

1. 传播内容的多样化和深度化

（1）文化产品的丰富性

随着中华文化海外传播的深入，传播内容不再局限于传统的文化符号和元素，而是涵盖了更广泛的文化产品，如影视剧、综艺节目、文学作品、音乐、舞蹈、戏曲等。这些文化产品以多样化的形式展现中华文化的魅力，满足不同国家和地区受众的需求。

（2）深度挖掘和传播

中华文化海外传播不再仅仅停留在表面的文化展示，而是更加注重深度挖掘和传播中华文化的内涵和精髓。通过讲述中国故事、传播中国声音，让世界更加深入地了解中华文化的独特性和价值。

2. 传播渠道的多元化和数字化

（1）社交媒体平台的运用

随着社交媒体在全球范围内的普及，中华文化的海外传播越来越多地借助这些平台。主流媒体和机构通过在海外社交媒体平台上开设账号，发布各类文化内容，与海外受众进行互动和交流，从而扩大中华文化的传播范围和影响力。

（2）数字技术的运用

数字技术为中华文化的海外传播提供了更多的可能性。通过虚拟现实（VR）、增强现实（AR）等技术，可以让海外受众身临其境地体验中华文化的魅力。同时，数字化平台也为中华文化的传播提供了更加便捷和高效的渠道。

3. 传播主体的多元化和专业化

（1）政府机构的推动

政府通过制定相关政策和措施，加强与国际组织的合作与交流，推动中华文化的海外传播和交流互鉴。

（2）媒体机构的积极参与

主流媒体和机构通过制作高质量的文化产品、举办各类文化交流活动等方式，积极传播中华文化并增进与海外受众的互动和交流。

（3）民间力量的兴起

除政府机构和媒体机构，越来越多的民间力量也参与到中华文化的海外传播中来。这些力量包括海外华人华侨、留学生、文化爱好者等他们通过自发组织各类文化交流活动、分享自己的文化体验等方式为中华文化的海外传播贡献了自己的力量。

4.传播效果的显著提升

随着中华文化的海外传播力度不断加大和传播渠道的不断拓展受众群体不断扩大。越来越多的海外受众开始关注和了解中华文化并对其产生了浓厚的兴趣和认同感。中华文化的海外传播不仅提升了中华文化的国际知名度还增强了中华文化的国际影响力化。许多国家和地区开始重视与中国的文化交流与合作并积极参与各类文化交流活动。

二、国际社会对中华文化的认知

（一）对中华文化历史底蕴的深刻认知

国际社会普遍认识到中华文化具有悠久的历史底蕴。作为世界上最古老的文明之一，中国的历史可以追溯到数千年前，这种历史的连续性和深厚性让国际社会对中国文化产生了浓厚的兴趣。许多外国人通过学习历史、阅读书籍、参观博物馆等方式，深入了解中华文化的起源、发展和演变过程，对其独特性和多样性表示钦佩。

（二）对中华文化多样性的广泛认可

中华文化的多样性是国际社会普遍认可的特点之一。中国是一个多民族国家，不同民族和地区之间的文化差异构成了中华文化的多元性。这种多样性不仅体现在语言、文字、宗教、习俗等方面，还体现在艺术、文学、哲学等多个领域。国际社会通过文化交流、节庆活动、旅游观光等方式，亲身体验和感受中华文化的多样性，对其包容性和创新性表示赞赏。

（三）对中华文化传统价值的高度尊重

中国传统文化中的许多价值观念，如孝道、礼仪、诚信、和谐等，在国际社会中得到了广泛的认可和尊重。这些传统价值不仅是中国社会的基石，也是中华文化的精髓所在。国际社会认为，这些价值观念对于维护社会秩序、促进人际和谐、推动社会进步具有重要意义。同时，他们也认识到这些传统价值在现代社会中的现实意义和价值，并尝试将其融入自己的文化和社会生活中。

（四）对中华文化独特元素的浓厚兴趣

中华文化的独特元素也是国际社会关注的焦点之一。例如，中国的书法、绘画、戏剧、音乐等艺术形式具有独特的魅力和风格，吸引了众多外国人的关注和喜爱。他们通过学习这些艺术形式，深入了解中华文化的审美观念和艺术风格，对其独特的艺术表现力和创造力表示钦佩。此外，中国的饮食文化、服饰文化、建筑文化等也是国际社会关注的热点之一。他们通过品尝中国美食、穿着中国服饰、参观中国建筑等方式，亲身体验和感受中华文化的独特魅力。

（五）对中华文化现代发展的积极评价

随着中国的现代化进程不断加快，国际社会对中华文化的现代发展也给予了积极评价。他们认为，中国文化在保持传统特色的同时，积极吸收外来文化的有益元素，不断推陈出新，形成了具有鲜明时代特色的新文化形态。例如，中国的互联网文化、现代艺术、影视作品等在国际上产生了广泛的影响，展示了中国文化的创新力和活力。国际社会认为，这种现代发展不仅丰富了中华文化的内涵和外延，也促进了中华文化的国际传播和交流。

第二节 国际合作与交流

一、跨国文化项目与合作机制

（一）跨国文化项目

1. 文化交流活动

（1）文化节与展览

在海外举办中华文化节，展示中国传统艺术、手工艺品、历史文物等，通过实物展览、现场演示等方式，让外国友人直观感受中华文化的魅力。包括固定展览、巡回展览、主题展览等，如"中国非物质文化遗产展览""中国传统书画艺术展"等。如"感知中国"系列活动，邀请驻华使馆组织本国青少年儿童及家庭到中国体验中华优秀传统文化，同时驻华大使馆也在中国展示本国特色文化项目，促进文化互鉴。

（2）巡演与演出

组织戏曲、舞蹈、音乐等艺术团体到海外巡演，将京剧、昆曲、民族舞蹈、传统音乐等艺术形式呈现给国际观众。通过剧场演出、广场演出、文化交流活动等形式，让外国观众近距离欣赏中华文化的艺术之美。如中国京剧团、中国民族乐团等多次赴海外巡演，受到广泛好评。

（3）体验与互动

设立中华文化体验中心或工作坊，提供书法、绘画、茶艺、武术等体验活动，让外国友人亲身体验中华文化的独特魅力。通过专业导师的指导，让参与者亲手制作传统手工艺品、品尝中华美食、学习中华武术等。如"中华文化体验周"活动，设置多个体验区，让参与者全面感受中华文化的博大精深。

2. 教育与学术合作

（1）孔子学院与课堂

在全球多个国家和地区设立孔子学院和孔子课堂，教授汉语和传播中国文化。提供汉语教学、中国文化课程、文化交流活动等，成为中华文化海外传播的重要平台。如埃及开罗大学与北京大学合作成立的孔子学院，为当地民众提供学习汉语和了解中国文化的机会。

（2）留学与交换

推动中国学生到海外留学，同时吸引外国学生来华学习，通过学术交流和留学生活促进文化的相互理解和尊重。包括公派留学、自费留学、校际交流等多种形式。如中国国家留学基金委每年公派数名本科生、研究生前往埃及学习交流，同时也有国内高校与埃及高校合作互派学生。

（3）学术研究与合作

与海外高校和研究机构合作开展中华文化的学术研究，共同挖掘和传承中华文化的精髓。包括联合研究项目、学术研讨会、访问学者交流等。如中外学者共同研究中国古代文学、历史、哲学等领域的问题，推动中华文化的国际传播与交流。

3. 媒体与数字传播

（1）国际媒体合作

与海外主流媒体合作，制作和传播关于中华文化的节目和内容。包括电视节目、纪录片、网络视频等多种形式。如中国中央电视台与海外电视台合作制作的关于中华文化的纪录片在海外播出，受到广泛欢迎。

（2）数字平台与社交媒体

利用互联网和数字技术，在社交媒体平台上推广中华文化。通过短视频、直播、社交媒体账号等方式，传播中华文化的相关内容。如中国文化相关机构在抖音、微博等平台上开设账号，发布关于中华文化的短视频和直播内容，吸引大量关注。

（二）跨国文化的合作机制

1. 政府层面的合作机制

（1）政策制定与引导

政府部门通过制定相关政策，如《关于实施中华优秀传统文化传承发展工程的意见》等，明确中华优秀传统文化的传承与发展目标，为国际合作提供政策支持和方向指引。设立专项基金和项目，如"中华优秀传统文化国际交流计划"，鼓励和支持国内外机构和个人参与中华文化的国际传播与交流。

（2）国际合作平台建设

与国外政府、国际组织建立合作机制，共同举办文化节、展览、演出等文化交流活动，搭建国际文化交流平台。推动孔子学院和孔子课堂的全球布局，为中华文化海外传播提供重要阵地。

2. 学术与教育合作机制

（1）学术研究与交流

与海外高校和研究机构建立合作关系，共同开展中华文化的学术研究，举办学术研讨会、讲座等活动，促进学术成果的共享与交流。推动学者互访和学术交流项目，为中外学者提供相互学习和合作的机会。

（2）教育与培训

开展留学与交换项目，鼓励中国学生到海外学习，同时吸引外国学生来华留学，通过教育交流增进对中华文化的理解和认同。在海外设立中华文化教育中心或培训基地，为当地民众提供学习中华文化的机会。

3. 媒体与数字传播合作机制

（1）国际媒体合作

与海外主流媒体建立合作关系，共同制作和传播关于中华文化的节目和内容，提升中华文化的国际影响力。利用国际媒体平台，如电视、广播、网络等，展示中华文化的独特魅力。

（2）数字平台与社交媒体

利用互联网和数字技术，在社交媒体平台上推广中华文化，通过短视频、直播等形式吸引年轻受众。建立中华文化主题的官方网站、微信公众号等数字平台，发布有关中华文化的资讯、信息、研究成果等。

4. 民间交流与合作机制

（1）文化组织与机构合作

支持和鼓励国内外文化组织、机构、团体等开展合作，共同举办文化节庆、展览、演出等活动。推动民间文化交流项目的实施，如文化交流访问团、文化体验营等，增进民间友好往来。

（2）文化产业合作

加强与海外文化产业的合作，共同开发具有中华文化特色的文化产品和服务，推动中华文化走向世界。支持国内文化企业到海外投资兴业，拓展国际市场。

5. 保障与评估机制

为跨国文化合作项目提供必要的资金和资源支持，确保项目的顺利实施，鼓励社会各界参与中华文化的国际传播与交流，形成多元化的资金来源渠道；建立跨国文化合作项目的评估机制，对项目的实施效果进行定期评估，根据评估结果及时调整合作策略和项目内容，确保合作机制的有效性和可持续性。

二、文化遗产的国际保护与传承

（一）国际法律与政策

1. 核心国际公约与条约

（1）《保护非物质文化遗产公约》

该公约于 2003 年由联合国教科文组织（UNESCO）通过，是保护传统文化和非物质文化遗产的重要国际法律文件。明确了非物质文化遗产的定义，包括口头传统、表演艺术、社会实践、仪式、节庆活动、有关自然界和宇宙的民间传统知识和实践、传统手工艺技能等。公约强调了各缔约国在保护非物质文化遗产方面的责任和义务，要求缔约国采取措施确保非物质文化遗产的传承和保护。通过制定相关政策、建立保护机构、开展教育和宣传活动等手段，国际社会形成了一个共同保护非物质文化遗产的合作机制。

（2）《世界遗产公约》

该公约于 1972 年通过，旨在促进世界范围内的文化和自然遗产的保护、保存和传承。将具有突出普遍价值的自然和文化遗址列入《世界遗产名录》，并为其保护提供国际合作和援助。签约国家需承诺采取措施来保护和传承这些遗产。通过定期评估、监测和报告制度，以及国际援助和技术合作，推动世界遗产的保护工作。

2. 其他相关国际法律与政策

（1）《保护和促进文化表现形式多样性公约》

该公约于 2005 年通过，旨在促进文化多样性的发展和保护。

强调了文化多样性对于人类社会的重要性，认为文化多样性是人类社会的基本特征之一。公约要求缔约国采取措施保护和促进本国文化表现形式的多样性，同时尊重其他国家的文化多样性。

（2）知识产权领域的国际法律框架

在知识产权领域，也有相关的国际法律框架对传统文化的保护起到一定作用。例如，《与贸易有关的知识产权协定》中关于地理标志的保护规定，对于一些与传统文化相关的产品，如特定地区的手工艺品、特色食品等，可以通过地理标志的保护来确保其独特性和传统价值。

3. 国际法律与政策的实施与监督

各国政府、国际组织和非政府组织之间加强合作与交流，共同应对文化遗产保护中的挑战和问题，分享保护经验和最佳实践，推动技术转移和能力建设；建立有效的监督和评估机制，对各国履行公约和条约的情况进行定期检查和评估，对于未能履行保护责任的国家，国际社会可以通过外交渠道或国际法律手段进行干预和督促。

4. 中国在国际法律与政策框架中的角色

中国作为重要的文化遗产大国，在国际法律与政策框架中发挥着积极作用：积极加入和履行国际公约。中国已加入多个与文化遗产保护相关的国际公约和条约，并认真履行其规定的义务和责任；制定国内法律法规。根据国际公约和条约的要求，中国制定了一系列国内法律法规，如《中华人民共和国非物质文化遗产法》等，为文化遗产保护提供了法律保障；加强国际合作。中国积极参与国际文化遗产保护合作项目，与世界各国分享保护经验和成果。举办国际文化遗产保护研讨会和交流活动，推动国际文化遗产保护事业的发展。

（二）保护措施与策略

1. 国际层面的保护措施与策略

（1）国际公约与条约的遵守

各国应严格遵守《保护非物质文化遗产公约》《世界遗产公约》等国际公约和条约，履行其在文化遗产保护方面的责任和义务。积极参与国际文化遗产保护合作项目和活动，分享保护经验和最佳实践。

（2）国际合作与援助

加强国际的合作与交流，共同应对文化遗产保护中的挑战和问题。提供技术、资金和人力资源等方面的援助，支持发展中国家和地区的文化遗产保护工作。

（3）监督与评估

建立有效的国际监督和评估机制，对各国履行公约和条约的情况进行定期检查和评估。及时发现和解决文化遗产保护中存在的问题，推动保护工作的持续改进。

2. 国家层面的保护措施与策略

（1）立法保护

制定和完善文化遗产保护法律法规，明确保护范围、保护措施和责任主体。加强执法力度，打击破坏文化遗产的违法行为。

（2）管理与监测

建立科学的管理和监测机制，制定详细的管理计划和监测方案。定期对文化遗产进行巡查和维护，及时发现并处理潜在的风险和问题。

（3）资金支持

设立专项保护资金，用于文化遗产的抢救性保护、修缮和维护等工作。鼓励社会资本参与文化遗产保护项目，拓宽资金来源渠道。

（4）公众教育与参与

加强文化遗产保护的宣传教育，提高公众的保护意识和参与度。鼓励社区居民、非政府组织等社会力量参与文化遗产保护活动，形成全社会共同保护的良好氛围。

3. 具体保护措施与策略

（1）数字化保护

利用现代科技手段进行数字化保护，如使用三维扫描、虚拟现实等技术对文化遗产进行记录和展示。建立数字博物馆、在线展览等平台，使更多人能够接触和了解文化遗产。

（2）生态性保护

在文化遗产的诞生地或传统社区建立生态保护区或文化生态园区，保护其原始环境和文化氛围。通过社区参与和自我管理的方式，实现文化遗产的可持续保护和传承。

（3）活态传承

注重非物质文化遗产的活态传承，通过教育、培训等方式培养新的传承人。在社区、学校、企事业单位等多元场景下开展非遗实践活动，让非遗融入当代生活并保持其活力。

（4）科学研究与技术支持

加强文化遗产保护的科学研究和技术创新，推动保护技术的不断进步。引入先进的保护技术和设备，提高文化遗产保护的科学性和有效性。

（三）传承与发展

支持和推动文化遗产的传承活动，包括通过正规和非正规教育传承非物质文化遗产，组织培训、演出、展览等活动，让更多人了解和学习文化遗产。推动文化遗产在现代化进程中的创造性转化和创新性发展。通过挖掘历史文化的时代价值，将文化遗产资源转化为文化发展的优势，推动文化产业的发展。通过国际交流和传播，让世界更好地了解和认同中国的文化遗产。通过举办国际文化节、展览、演出等活动，展示中华文化的独特魅力。

（四）案例与实践

鼓浪屿的保护与传承：鼓浪屿作为世界文化遗产，厦门市政府通过立法保护、景区限流、历史风貌建筑保护规划等措施，有效保护了鼓浪屿的文化遗产。同时，通过举办音乐节、诗歌节等文化活动，让文化遗产焕发新生机。

第三节 文化软实力与中华文化的国际影响力

一、文化软实力在国家战略中的地位

软实力是文化和意识形态吸引力体现出来的力量，是国家综合国力的重要方面。在全球化背景下，文化软实力逐渐成为国家间竞争的重要领域。文化软实力不仅关乎国家的文化影响力、凝聚力和感召力，还涉及国家的意识形态、价值观念、外交政策等多个层面。因此，提升文化软实力是增强国家整体软实力、实现国家战略目标的关键所在。文化是一个国家的精神象征，承载着民族的历史、传统和价值观。通过发展文化软实力，一个国家可以展示其独特的文化魅力和传统文明，从而塑造积极向上的国家形象。这种形象对于提升国家的国际地位、增强国际社会的认同感和信任度具有重要意义。

（一）文化软实力是国家综合实力的重要体现

文化软实力是一个国家基于文化生命力、创造力、传播力而形成的体系，是国家综合国力的重要组成部分。它包含文化传统、价值观念、制度体系等深层次内容，以及文化产业、国民素质等具体表现形式。这些元素共同构成了国家的文化软实力，成为国家在国际舞台上展示自身魅力、吸引力和影响力的重要基础。

（二）文化软实力是国家实现长远发展目标的重要保障

在国家战略中，文化软实力发挥着至关重要的作用。它不仅是国家提升国际地位、增强国际话语权的重要手段，还是国家实现经济可持续发展、社会和谐稳定的重要支撑。通过加强文化软实力的建设，可以推动文化产业的发展，促进文化消费，为经济增长注入新的动力；同时，也可以增强国民的文化自信和价值观认同，促进社会的和谐稳定。

（三）文化软实力是提升国家国际影响力的关键

在全球化背景下，文化软实力成为国家提升国际影响力的关键。通过文化软实力的展示和传播，可以让国际社会更好地了解一个国家的文化传统、价值观念和发展成就，从而增强对该国的认同感和好感度。同时，文化软实力也可以帮助国家在国际事务中发挥更大的作用，提升国家的国际地位和影响力。

（四）文化软实力是增强国家竞争力的重要因素

在综合国力竞争中，文化软实力同样发挥着重要作用。随着全球化和信息化时代的到来，文化软实力在国与国之间的竞争中的地位日益凸显。一个拥有强大文化软实力的国家，能够吸引更多的人才和资源，推动科技创新和产业升级；同时，也能够更好地应对各种外部挑战和威胁，维护国家的安全和稳定。

（五）文化软实力建设是国家战略的重要内容

在我国国家战略中，文化软实力建设始终是一个重要的内容。从中央到地方各级政府都高度重视文化软实力建设工作，制定了一系列政策措施来推动文化产业的发展、加强文化遗产保护、提升国民素质等。这些措施的实施不仅促进了我国文化软实力的不断提升，也为实现中华民族伟大复兴的中国梦提供了有力支撑。

二、提升中华文化国际影响力的路径与策略

（一）加强国际传播能力建设

1. 构建中国话语体系

构建中国话语体系的首要任务是明确其目标，即形成同我国综合国力和国际地位相匹配的国际话语权。这一目标要求我们在国际传播中能够更加充分、更加鲜明地展现中国故事及其背后的思想力量和精神力量，让世界更好地理解和接受中华文化。

在构建中国话语体系的过程中，必须坚守中华文化立场。这不仅是高

度文化自信的体现，也是向世界展示中华文明精神标识和文化精髓的基础。我们要把中华优秀传统文化的精神标识提炼出来、展示出来，把优秀传统文化中具有当代价值、世界意义的文化精髓提炼出来、展示出来，让世界真正理解中华文化的当代价值和世界意义。

构建中国话语体系需要创新表达方式。我们要采用融通中外的概念、范畴、表述，把"我们想讲的"变成"受众想听的"。这要求我们在对外传播中注重文化差异和受众需求，采用易于被国际社会理解和接受的语言和方式，讲述中国故事，传播中国声音。

叙事是构建话语体系的重要手段。我们要围绕中国式现代化、全过程人民民主等核心概念，构建鲜活生动的叙事体系。通过讲述中国人民参与民主选举、民主协商、民主决策、民主管理、民主监督的生动故事，展现中国特色社会主义制度的优越性和中华文化的魅力。同时，我们还要注重叙事的多样性和创新性，采用多种形式和手段，如短视频、纪录片、社交媒体等，增强叙事的吸引力和感染力。

2. 讲好中国故事

讲好中国故事是提升我国国际话语权、为我国改革发展稳定营造有利外部舆论环境的迫切需要。当前，国际社会对中国的关注度高，但存在各种复杂的声音和误解。通过讲好中国故事，可以增强国际社会对中国的理解和认同，提升中华文化的国际影响力。在讲好中国故事的过程中，必须坚守中华文化立场，这是高度文化自信的体现。中华优秀传统文化积千年之精华，我们要提炼和展示其精神标识和文化精髓，向世界阐释推介更多具有中国特色、体现中国精神、蕴藏中国智慧的优秀文化。

加快构建中国话语和中国叙事体系，是讲好中国故事的重要基础。通过构建鲜活生动、紧贴实践、融通中外的中国话语和中国叙事体系，用中国理论阐释中国实践，用中国实践升华中国理论，打造融通中外的新概念、新范畴、新表述。深入挖掘中华文化深厚的生命力，体现其强大的凝聚力，精心设计融思想性、艺术性于一体的优秀作品，生动展示中华文化的独特魅力。打造沉浸式、互动式的文化传播体验，使中国故事更加生动、形象、易于接受。在加强传统媒体传播的同时，积极拓展新兴媒体传播阵地，利用社交媒体、国际知名网站等平台，扩大中国故事的传播范围和影响力。

多元主体协同传播，强化各级党媒在国际传播中的主导作用，发挥其权威性和公信力，主动报道新闻事实，唱响主旋律，掌握国际舆论传播主动权和话语权；发挥社会组织在国际传播中的独特优势，加强与国际智库、国际组织的交流合作，主动设置国际议题，举办重大国际会议，向世界阐释中国理念、中国主张；引导公民个体发挥正能量传播作用，鼓励国际留学生、海外华侨等通过社交媒体等渠道讲述中国故事，展现中华文明魅力。通过全程传播提高说服力，实现对新闻事件的多维度、全景式还原，增强国际传播的公信力和影响力。利用新技术提升新闻报道的信息处理能力、数据交互能力和话语叙事能力，营造沉浸式体验环境，增强国际传播的感染力和吸引力。通过全效传播扩大影响力，运用大数据、区块链等先进技术，精准掌握受众偏好，实现信息与需求的精准匹配，提升国际传播效率和效果。

重视国际传播人才的培养和引进，打造一支政治过硬、业务精湛、视野宽广的人才队伍。加强与国际一流高校、培训机构的合作，提升传播人才的综合素质和业务能力，为讲好中国故事提供有力的人才保障。

3. 提升传播效能

（1）加强顶层设计和整体布局

以国家站位为原则，强化国际传播的顶层设计，确保传播内容与国家战略方向一致，形成上下联动、内外结合的传播格局。统筹国家层面的对外传播和地方的国际传播资源，加强系统集成与高效协作，形成合力，提升总体传播效能。

（2）优化传播路径和策略

采用国际化语言和表达方式，使中国故事更加贴近国外受众的思维方式和接受习惯，增强传播效果。利用大数据、人工智能等技术手段，分析国外受众的兴趣点和关注点，实现传播内容的精准推送，提高传播效率。在坚持传统媒体传播的同时，积极拓展新兴媒体渠道，形成传统媒体与新兴媒体优势互补、融合发展的传播格局。

（3）构建多元传播主体体系

强化党媒主导作用，发挥党媒的权威性和公信力，主动设置议题，引导舆论，掌握国际传播的话语权；发挥社会组织作用，鼓励和支持社会组织、智库、高校等参与国际传播，形成多元主体协同传播的局面；引导公民个体参与，鼓励公民个体通过社交媒体等渠道讲述中国故事，展现中华文化的魅力，形成全民参与国际传播的良好氛围。

（4）创新传播内容和形式

内容创新：深入挖掘中华文化的内涵和价值，设计融思想性、艺术性于一体的传播内容，增强传播内容的吸引力和感染力；形式创新：利用新媒体技术，如短视频、直播、虚拟现实（VR）、增强现实（AR）等，打造沉浸式、互动式的传播体验，使传播内容更加生动、形象。

（二）推动文化交流与合作

1. 举办文化交流活动

积极参与和举办各类国际文化交流活动，如文化节、艺术展览、学术研讨会等，促进不同文化之间的交流与融合。通过这些活动，展示中华文化的独特魅力和深厚底蕴，增进国际社会对中华文化的了解和认同。

2. 加强教育合作

推动中外教育交流与合作，鼓励和支持中国学生出国留学，同时吸引外国学生来华留学。通过教育合作，培养具有国际视野和跨文化交流能力的人才，为中华文化的国际传播提供有力支持。

3. 利用民间力量

发挥民间团体和跨国企业在国际传播中的积极作用，推动"走出去"与"引进来"相结合。鼓励中资企业在科技、经贸、教育等领域广交国际好友，通过具体、生动、形象地讲好中国故事，展现自信大国形象。

（三）发展文化产业

1. 推动文化产业创新发展

坚持以创新驱动文化产业发展，鼓励文化企业加大研发投入，推动技术创新、内容创新、模式创新。通过创新，提升文化产品的附加值和国际竞争力。顺应数字产业化和产业数字化发展趋势，推动文化产业数字化转型升级。利用5G、大数据、云计算、人工智能等先进技术，提升文化产品的制作、传播和展示水平，打造数字化文化产品和服务。

2. 培育新型文化业态

发展线上文化产业，加快线上演播、数字创意、数字艺术、数字娱乐、沉浸式体验等新型文化业态的发展。通过线上平台，扩大中华文化的传播范围和受众群体；打造数字文化品牌，充分利用数字技术，对中华优秀传统文化、革命文化和社会主义先进文化进行创造性转化和创新性发展，打造具有影响力的数字文化品牌。这些品牌将成为中华文化国际传播的重要载体。

3. 加强文化产业国际合作

积极参与和举办国际文化交流项目，如文化节庆、展览、演出等。通过这些项目，展示中华文化的独特魅力，增进国际社会对中国文化的了解和认同；鼓励和支持文化企业拓展国际市场，推动文化产品出口。通过文化产品的国际销售，实现中华文化的海外传播和影响力提升。

4. 优化文化产业环境

制定和完善文化产业发展的相关政策体系，为文化产业的发展提供有力保障。政策体系应涵盖财政支持、税收优惠、知识产权保护等多个方面。注重文化产业人才的培养和引进，建立健全文化产业人才培养机制。通过高等教育、职业教育、国际交流等多种途径，培养具有跨文化交流能力、国际传播素养和专业技能的复合型人才。

5. 推动文化产业与旅游、科技等产业融合发展

推动文化产业与旅游产业的深度融合，开发具有文化内涵的旅游产品，提升旅游产品的附加值和国际吸引力。通过文化旅游，让海外游客在游览中感受中华文化的魅力；加强文化产业与科技的融合，利用科技手段提升文化产品的呈现效果和传播效率。

（四）加强政策支持与保障

1. 制定和完善相关政策法规

制定明确的文化外交政策，将文化传播纳入国家外交战略的重要组成部分。通过政策引导，促进中华文化的国际传播与交流；加强知识产权保护，为中华文化的创作、传播和产业化提供法律保障。打击侵权盗版行为，维护文化产业的健康发展；设立专项基金，对中华文化国际传播项目、文

化企业和文化产品给予财政补贴和税收优惠。降低文化企业的运营成本，激发其参与国际传播的积极性。

2. 优化文化资源配置

加大对文化基础设施建设的投入，如博物馆、图书馆、文化中心等，提升中华文化的展示和传播能力，推动这些设施向国际社会开放，吸引更多国际游客和学者；扶持具有竞争力的文化产业项目和企业，推动文化产业与科技创新、数字经济等深度融合。通过市场化运作，提高文化产业的国际竞争力，扩大中华文化的国际影响力。

3. 加强国际交流与合作

推动政府间文化交流与合作，签署文化合作协议，共同举办文化节庆、展览、演出等活动。通过政府层面的合作，为中华文化的国际传播搭建更广阔的平台；鼓励和支持民间文化交流活动，如艺术家互访、文化团体交流、文化遗产保护合作等。通过民间交流，增进不同国家和民族之间的理解和友谊，推动中华文化的深入传播。

4. 构建国际传播体系

加强国际传播媒体平台建设，如海外电视台、广播电台、网络媒体等。通过多语种、多渠道的媒体平台，向国际社会传播中华文化的精髓和魅力。构建覆盖全球的文化传播网络，包括海外文化中心、孔子学院、中国文化节等。通过这些网络节点，将中华文化带到世界各地，与各国人民进行面对面的交流和互动。

（五）培养国际传播人才

1. 明确培养目标

国际传播人才应具备扎实的语言功底、深厚的文化素养、敏锐的国际视野和跨文化传播能力。他们应能够熟练运用多种语言进行文化交流，深入了解不同国家的文化背景和受众需求，有效传播中华文化精髓。

2. 构建培养体系

高等教育体系，加强高校国际传播相关专业的建设，优化课程设置，注重理论与实践相结合。通过开设跨文化交流、国际传播理论、媒体融合等课程，培养学生的专业素养和综合能力；职业教育与培训，针对在职人员，开展国际传播职业技能培训和继续教育，提升其国际传播能力和业务水平。通过举办专题讲座、工作坊、国际交流项目等形式，拓宽其国际视野和实战经验。

3. 强化实践锻炼

鼓励学生和在职人员参与国际交流项目，如海外实习、访问学者、国际会议等，深入了解不同国家的文化和社会环境，提升跨文化交流能力。加强与国内外媒体机构的合作，为学生提供实习机会和就业岗位。通过参与新闻报道、节目制作、文化传播等实际工作，锻炼学生的实践能力和创新能力。

4. 创新培养方式

推动新闻传播学、外语言文学、国际关系学、文化学等学科的交叉融合，培养具有多学科背景的复合型国际传播人才。加强对学生数字化技能的培养，如大数据分析、人工智能应用、社交媒体运营等，以适应新媒体时代国际传播的需求。

5. 优化人才环境

制定和完善相关政策措施，为国际传播人才的培养和引进提供有力保障。如设立专项基金支持国际传播项目、提供税收优惠和住房补贴等。建立健全激励机制，对在国际传播领域取得突出成绩的个人和团队给予表彰和奖励。同时，加强与国际传播机构的合作与交流，为人才提供更多发展机会和平台。

6. 注重国际合作

与国外知名高校和媒体机构建立合作关系，开展联合培养项目。通过共同制定培养计划、互派师生交流等方式，提升国际传播人才的国际竞争力和影响力。加强与国际智库的合作与交流，共同研究国际传播领域的热点问题和前沿趋势。通过举办国际研讨会、出版研究报告等形式，推动国际传播理论的创新和发展。

参考文献

[1] 褚艳华.中国传统文化的传承与发展 [M].北京：新华出版社，2020.

[2] 苗青.中华优秀传统文化与高校青年教育管理研究 [M].北京：新华出版社，2021.

[3] 陈其泰.史学与中国文化传统 [M].北京：华夏出版社，2018.

[4] 宋佳，刘春杰.习近平新时代中国特色社会主义思想对中华优秀传统文化的传承创新 [J].学理论，2024,(01):22-23.

[5] 刘宁.中国优秀传统文化与大学生思政教育 [J].山西财经大学学报，2023,45(S1):124-126.

[6] 东秀萍，岳倩.中国共产党传承中华优秀传统文化百年历程与创新发展 [J].长春理工大学学报 (社会科学版),2022,35(S1):22-25.

[7] 韩聪，卢长春.文化节目《非遗里的中国》创新路径研究 [J].声屏世界，2024,(03):30-32.

[8] 徐进毅.威尼斯双年展中国馆观察：中国当代艺术创新与中华优秀传统文化的传承发展 [J].艺术评论，2024,(06):71-81.

[9] 王凤鸣.中华优秀传统文化传承与创新的有益探索 [J].河北工程大学学报 (社会科学版),2022,39(01):2.

[10] 钟天娥.习近平新时代中国特色社会主义思想对中华优秀传统文化的传承与创新 [J].思想政治课研究，2022,(01):37-45.

[11] 陈春生.中国梦视域下中华优秀传统文化的传承与创新 [J].共产党员 (河北),2022,(10):56.

[12] 陈燕.在创新传承中华优秀传统文化的进程中讲好中国故事 [N].中国文化报，2023-05-23(003).

[13] 加强研究宣传推动转化发展形成保护传承工作合力 [N].人民政协报，2022-06-28(003).